T&P BOOKS

KIRGISISCH

WORTSCHATZ

FÜR DAS SELBSTSTUDIUM

DEUTSCH KIRGISISCH

Die nützlichsten Wörter
Zur Erweiterung Ihres Wortschatzes und
Verbesserung der Sprachfertigkeit

7000 Wörter

Wortschatz Deutsch-Kirgisisch für das Selbststudium - 7000 Wörter
Von Andrey Taranov

T&P Books Vokabelbücher sind dafür vorgesehen, beim Lernen einer Fremdsprache zu helfen, Wörter zu memorieren und zu wiederholen. Das Wörterbuch ist nach Themen aufgeteilt und deckt alle wichtigen Bereiche des täglichen Lebens, Berufs, Wissenschaft, Kultur etc. ab.

Durch das Benutzen der themenbezogenen T&P Books ergeben sich folgende Vorteile für den Lernprozess:

- Sachgemäß geordnete Informationen bestimmen den späteren Erfolg auf den darauffolgenden Stufen der Memorisierung
- Die Verfügbarkeit von Wörtern, die sich aus der gleichen Wurzel ableiten lassen, erlaubt die Memorisierung von Worteinheiten (mehr als bei einzeln stehenden Wörtern)
- Kleine Worteinheiten unterstützen den Aufbauprozess von assoziativen Verbindungen für die Festigung des Wortschatzes
- Die Kenntnis der Sprache kann aufgrund der Anzahl der gelernten Wörter eingeschätzt werden

T&P Books Publishing
www.tpbooks.com

ISBN: 978-1-78767-040-2

Dieses Buch ist auch im E-Book Format erhältlich.
Besuchen Sie uns auch auf www.tpbooks.com oder auf einer der bedeutenden Buchhandlungen online.

WORTSCHATZ DEUTSCH-KIRGISISCH
für das Selbststudium

Die Vokabelbücher von T&P Books sind dafür vorgesehen, Ihnen beim Lernen einer Fremdsprache zu helfen, Wörter zu memorieren und zu wiederholen. Der Wortschatz enthält über 7000 häufig gebrauchte, thematisch geordnete Wörter.

- Der Wortschatz enthält die am häufigsten benutzten Wörter
- Eignet sich als Ergänzung zu jedem Sprachkurs
- Erfüllt die Bedürfnisse von Anfängern und fortgeschrittenen Lernenden von Fremdsprachen
- Praktisch für den täglichen Gebrauch, zur Wiederholung und um sich selbst zu testen
- Ermöglicht es, Ihren Wortschatz einzuschätzen

Besondere Merkmale des Wortschatzes:

- Wörter sind entsprechend ihrer Bedeutung und nicht alphabetisch organisiert
- Wörter werden in drei Spalten präsentiert, um das Wiederholen und den Selbstüberprüfungsprozess zu erleichtern
- Wortgruppen werden in kleinere Einheiten aufgespalten, um den Lernprozess zu fördern
- Der Wortschatz bietet eine praktische und einfache Lautschrift jedes Wortes der Fremdsprache

Der Wortschatz hat 198 Themen, einschließlich:

Grundbegriffe, Zahlen, Farben, Monate, Jahreszeiten, Maßeinheiten, Kleidung und Accessoires, Essen und Ernährung, Restaurant, Familienangehörige, Verwandte, Charaktereigenschaften, Empfindungen, Gefühle, Krankheiten, Großstadt, Kleinstadt, Sehenswürdigkeiten, Einkaufen, Geld, Haus, Zuhause, Büro, Import & Export, Marketing, Arbeitssuche, Sport, Ausbildung, Computer, Internet, Werkzeug, Natur, Länder, Nationalitäten und vieles mehr...

INHALT

Leitfaden für die Aussprache 10
Abkürzungen 11

GRUNDBEGRIFFE 12
Grundbegriffe. Teil 1 12

1. Pronomen 12
2. Grüße. Begrüßungen. Verabschiedungen 12
3. Grundzahlen. Teil 1 13
4. Grundzahlen. Teil 2 14
5. Zahlen. Brüche 14
6. Zahlen. Grundrechenarten 15
7. Zahlen. Verschiedenes 15
8. Die wichtigsten Verben. Teil 1 15
9. Die wichtigsten Verben. Teil 2 16
10. Die wichtigsten Verben. Teil 3 17
11. Die wichtigsten Verben. Teil 4 18
12. Farben 19
13. Fragen 20
14. Funktionswörter. Adverbien. Teil 1 20
15. Funktionswörter. Adverbien. Teil 2 22

Grundbegriffe. Teil 2 24

16. Wochentage 24
17. Stunden. Tag und Nacht 24
18. Monate. Jahreszeiten 25
19. Zeit. Verschiedenes 27
20. Gegenteile 28
21. Linien und Formen 29
22. Maßeinheiten 30
23. Behälter 31
24. Werkstoffe 32
25. Metalle 33

DER MENSCH 34
Der Mensch. Körper 34

26. Menschen. Grundbegriffe 34
27. Anatomie des Menschen 34

28. Kopf 35
29. Menschlicher Körper 36

Kleidung & Accessoires 37

30. Oberbekleidung. Mäntel 37
31. Herren- & Damenbekleidung 37
32. Kleidung. Unterwäsche 38
33. Kopfbekleidung 38
34. Schuhwerk 38
35. Textilien. Stoffe 39
36. Persönliche Accessoires 39
37. Kleidung. Verschiedenes 40
38. Kosmetikartikel. Kosmetik 40
39. Schmuck 41
40. Armbanduhren Uhren 42

Essen. Ernährung 43

41. Essen 43
42. Getränke 44
43. Gemüse 45
44. Obst. Nüsse 46
45. Brot. Süßigkeiten 47
46. Gerichte 47
47. Gewürze 48
48. Mahlzeiten 49
49. Gedeck 50
50. Restaurant 50

Familie, Verwandte und Freunde 51

51. Persönliche Informationen. Formulare 51
52. Familienmitglieder. Verwandte 51
53. Freunde. Arbeitskollegen 52
54. Mann. Frau 53
55. Alter 53
56. Kinder 54
57. Ehepaare. Familienleben 55

Charakter. Empfindungen. Gefühle 56

58. Empfindungen. Gefühle 56
59. Charakter. Persönlichkeit 57
60. Schlaf. Träume 58
61. Humor. Lachen. Freude 59
62. Diskussion, Unterhaltung. Teil 1 59
63. Diskussion, Unterhaltung. Teil 2 60
64. Diskussion, Unterhaltung. Teil 3 62
65. Zustimmung. Ablehnung 62
66. Erfolg. Alles Gute. Misserfolg 63
67. Streit. Negative Gefühle 64

Medizin 66

68. Krankheiten 66
69. Symptome. Behandlungen. Teil 1 67
70. Symptome. Behandlungen. Teil 2 68
71. Symptome. Behandlungen. Teil 3 69
72. Ärzte 70
73. Medizin. Medikamente. Accessoires 70
74. Rauchen. Tabakwaren 71

LEBENSRAUM DES MENSCHEN 72
Stadt 72

75. Stadt. Leben in der Stadt 72
76. Innerstädtische Einrichtungen 73
77. Innerstädtischer Transport 74
78. Sehenswürdigkeiten 75
79. Shopping 76
80. Geld 77
81. Post. Postdienst 78

Wohnung. Haus. Zuhause 79

82. Haus. Wohnen 79
83. Haus. Eingang. Lift 80
84. Haus. Türen. Schlösser 80
85. Landhaus 81
86. Burg. Palast 81
87. Wohnung 82
88. Wohnung. Saubermachen 82
89. Möbel. Innenausstattung 82
90. Bettwäsche 83
91. Küche 83
92. Bad 84
93. Haushaltsgeräte 85
94. Reparaturen. Renovierung 86
95. Rohrleitungen 86
96. Feuer. Brand 87

AKTIVITÄTEN DES MENSCHEN 89
Beruf. Geschäft. Teil 1 89

97. Bankgeschäft 89
98. Telefon. Telefongespräche 90
99. Mobiltelefon 90
100. Bürobedarf 91

Arbeit. Geschäft. Teil 2 92

101. Massenmedien 92
102. Landwirtschaft 93

103. Gebäude. Bauabwicklung 94

Berufe und Tätigkeiten 96

104. Arbeitsuche. Kündigung 96
105. Geschäftsleute 96
106. Dienstleistungsberufe 97
107. Militärdienst und Ränge 98
108. Beamte. Priester 99
109. Landwirtschaftliche Berufe 99
110. Künstler 100
111. Verschiedene Berufe 100
112. Beschäftigung. Sozialstatus 102

Sport 103

113. Sportarten. Persönlichkeiten des Sports 103
114. Sportarten. Verschiedenes 104
115. Fitnessstudio 104
116. Sport. Verschiedenes 105

Ausbildung 107

117. Schule 107
118. Hochschule. Universität 108
119. Naturwissenschaften. Fächer 109
120. Schrift Rechtschreibung 109
121. Fremdsprachen 110
122. Märchenfiguren 111
123. Sternzeichen 112

Kunst 113

124. Theater 113
125. Kino 114
126. Gemälde 115
127. Literatur und Dichtkunst 116
128. Zirkus 116
129. Musik. Popmusik 117

Erholung. Unterhaltung. Reisen 119

130. Ausflug. Reisen 119
131. Hotel 119
132. Bücher. Lesen 120
133. Jagen. Fischen 122
134. Spiele. Billard 123
135. Spiele. Kartenspiele 123
136. Erholung. Spiele. Verschiedenes 123
137. Fotografie 124
138. Strand. Schwimmen 125

TECHNISCHES ZUBEHÖR. TRANSPORT 126
Technisches Zubehör 126

139. Computer 126
140. Internet. E-Mail 127

Transport 129

141. Flugzeug 129
142. Zug 130
143. Schiff 131
144. Flughafen 132
145. Fahrrad. Motorrad 133

Autos 134

146. Autotypen 134
147. Autos. Karosserie 134
148. Autos. Fahrgastraum 135
149. Autos. Motor 136
150. Autos. Unfall. Reparatur 137
151. Autos. Straßen 138

MENSCHEN. LEBENSEREIGNISSE 140
Lebensereignisse 140

152. Feiertage. Ereignis 140
153. Bestattungen. Begräbnis 141
154. Krieg. Soldaten 141
155. Krieg. Militärische Aktionen. Teil 1 143
156. Waffen 144
157. Menschen der Antike 145
158. Mittelalter 146
159. Führungspersonen. Chef. Behörden 148
160. Gesetzesverstoß Verbrecher. Teil 1 148
161. Gesetzesbruch. Verbrecher. Teil 2 150
162. Polizei Recht. Teil 1 151
163. Polizei. Recht. Teil 2 152

NATUR 154
Die Erde. Teil 1 154

164. Weltall 154
165. Die Erde 155
166. Himmelsrichtungen 156
167. Meer. Ozean 156
168. Berge 157
169. Flüsse 158
170. Wald 159
171. natürliche Lebensgrundlagen 160

Die Erde. Teil 2 162

172. Wetter 162
173. Unwetter Naturkatastrophen 163

Fauna 164

174. Säugetiere. Raubtiere 164
175. Tiere in freier Wildbahn 164
176. Haustiere 165
177. Hunde. Hunderassen 166
178. Tierlaute 167
179. Vögel 167
180. Vögel. Gesang und Laute 169
181. Fische. Meerestiere 169
182. Amphibien Reptilien 170
183. Insekten 170
184. Tiere. Körperteile 171
185. Tiere. Lebensräume 171

Flora 173

186. Bäume 173
187. Büsche 173
188. Pilze 174
189. Obst. Beeren 174
190. Blumen. Pflanzen 175
191. Getreide, Körner 176

REGIONALE GEOGRAPHIE 177
Länder. Nationalitäten 177

192. Politik. Regierung. Teil 1 177
193. Politik. Regierung. Teil 2 178
194. Länder. Verschiedenes 179
195. Wichtige Religionsgruppen. Konfessionen 180
196. Religionen. Priester 181
197. Glauben. Christentum. Islam 181

VERSCHIEDENES 184

198. Verschiedene nützliche Wörter 184

LEITFADEN FÜR DIE AUSSPRACHE

T&P phonetisches Alphabet	Kirgisisch Beispiel	Deutsch Beispiel
[a]	**манжа** [mandʒa]	schwarz
[e]	**келечек** [keletʃek]	Pferde
[i]	**жигит** [dʒigit]	ihr, finden
[ɪ]	**кубаныч** [kubanɪtʃ]	Mitte
[o]	**мактоо** [maktoo]	orange
[u]	**узундук** [uzunduk]	kurz
[ʉ]	**алюминий** [alʉminij]	Verzeihung
[y]	**түнкү** [tynky]	über, dünn
[b]	**ашкабак** [aʃkabak]	Brille
[d]	**адам** [adam]	Detektiv
[dʒ]	**жыгач** [dʒɪgatʃ]	Kambodscha
[f]	**флейта** [flejta]	fünf
[g]	**тегерек** [tegerek]	gelb
[j]	**бөйрөк** [bøjrøk]	Jacke
[k]	**карапа** [karapa]	Kalender
[l]	**алтын** [altɪn]	Juli
[m]	**бешмант** [beʃmant]	Mitte
[n]	**найза** [najza]	nicht
[ŋ]	**булуң** [buluŋ]	lang
[p]	**пайдубал** [pajdubal]	Polizei
[r]	**рахмат** [raχmat]	richtig
[s]	**сагызган** [sagɪzgan]	sein
[ʃ]	**бурулуш** [buruluʃ]	Chance
[t]	**түтүн** [tytyn]	still
[χ]	**пахтадан** [paχtadan]	Buch
[ʦ]	**шприц** [ʃpriʦ]	Gesetz
[tʃ]	**биринчи** [birintʃi]	Matsch
[v]	**квартал** [kvartal]	November
[z]	**казуу** [kazuu]	sein
[ʲ]	**руль, актёр** [rulʲ, aktʲor]	Zeichen für die Palatalisierung
[ʰ]	**объектив** [obʰjektiv]	hartes Zeichen

ABKÜRZUNGEN
die im Vokabular verwendet werden

Deutsch. Abkürzungen

Adj	-	Adjektiv
Adv	-	Adverb
Amtsspr.	-	Amtssprache
f	-	Femininum
f, n	-	Femininum, Neutrum
Fem.	-	Femininum
m	-	Maskulinum
m, f	-	Maskulinum, Femininum
m, n	-	Maskulinum, Neutrum
Mask.	-	Maskulinum
n	-	Neutrum
pl	-	Plural
Sg.	-	Singular
ugs.	-	umgangssprachlich
unzähl.	-	unzählbar
usw.	-	und so weiter
v mod	-	Modalverb
vi	-	intransitives Verb
vi, vt	-	intransitives, transitives Verb
vt	-	transitives Verb
zähl.	-	zählbar
z.B.	-	zum Beispiel

GRUNDBEGRIFFE

Grundbegriffe. Teil 1

1. Pronomen

ich	**мен, мага**	men, maga
du	**сен**	sen
er, sie, es	**ал**	al
sie	**алар**	alar

2. Grüße. Begrüßungen. Verabschiedungen

Hallo! (ugs.)	**Салам!**	salam!
Hallo! (Amtsspr.)	**Саламатсызбы!**	salamatsızbı!
Guten Morgen!	**Кутман таңыңыз менен!**	kutman taŋıŋız menen!
Guten Tag!	**Кутман күнүңүз менен!**	kutman kynyŋyz menen!
Guten Abend!	**Кутман кечиңиз менен!**	kutman keʧiŋiz menen!
grüßen (vi, vt)	**учурашуу**	uʧuraʃuu
Hallo! (ugs.)	**Кандай!**	kandaj!
Gruß (m)	**салам**	salam
begrüßen (vt)	**саламдашуу**	salamdaʃuu
Wie geht's?	**Иштериң кандай?**	iʃteriŋ kandaj?
Wie geht es Ihnen?	**Иштериңиз кандай?**	iʃteriŋiz kandaj?
Wie geht's dir?	**Иштер кандай?**	iʃter kandaj?
Was gibt es Neues?	**Эмне жаңылык?**	emne ʤaŋılık?
Auf Wiedersehen!	**Көрүшкөнчө!**	køryʃkønʧø!
Bis bald!	**Эмки жолукканга чейин!**	emki ʤolukkanga ʧejin!
Lebe wohl!	**Кош бол!**	koʃ bol!
Leben Sie wohl!	**Кош болуңуз!**	koʃ boluŋuz!
sich verabschieden	**коштошуу**	koʃtoʃuu
Tschüs!	**Жакшы кал!**	ʤakʃı kal!
Danke!	**Рахмат!**	raχmat!
Dankeschön!	**Чоң рахмат!**	ʧoŋ raχmat!
Bitte (Antwort)	**Эч нерсе эмес**	eʧ nerse emes
Keine Ursache.	**Алкышка арзыбайт**	alkıʃka arzıbajt
Nichts zu danken.	**Эчтеке эмес.**	eʧteke emes
Entschuldige!	**Кечир!**	keʧir!
Entschuldigung!	**Кечирип коюңузчу!**	keʧirip kojuŋuzʧu!
entschuldigen (vt)	**кечирүү**	keʧiryy
sich entschuldigen	**кечирим суроо**	keʧirim suroo
Verzeihung!	**Кечирим сурайм.**	keʧirim surajm

Es tut mir leid!	**Кечиресиз!**	keʧiresiz!
verzeihen (vt)	**кечирүү**	keʧiryy
Das macht nichts!	**Эч капачылык жок.**	eʧ kapaʧılık ʤok
bitte (Die Rechnung, ~!)	**суранам**	suranam
Nicht vergessen!	**Унутуп калбаңыз!**	unutup kalbaŋız!
Natürlich!	**Албетте!**	albette!
Natürlich nicht!	**Албетте жок!**	albette ʤok!
Gut! Okay!	**Макул!**	makul!
Es ist genug!	**Жетишет!**	ʤetiʃet!

3. Grundzahlen. Teil 1

null	**нөл**	nøl
eins	**бир**	bir
zwei	**эки**	eki
drei	**үч**	yʧ
vier	**төрт**	tørt
fünf	**беш**	beʃ
sechs	**алты**	altı
sieben	**жети**	ʤeti
acht	**сегиз**	segiz
neun	**тогуз**	toguz
zehn	**он**	on
elf	**он бир**	on bir
zwölf	**он эки**	on eki
dreizehn	**он үч**	on yʧ
vierzehn	**он төрт**	on tørt
fünfzehn	**он беш**	on beʃ
sechzehn	**он алты**	on altı
siebzehn	**он жети**	on ʤeti
achtzehn	**он сегиз**	on segiz
neunzehn	**он тогуз**	on toguz
zwanzig	**жыйырма**	ʤıjırma
einundzwanzig	**жыйырма бир**	ʤıjırma bir
zweiundzwanzig	**жыйырма эки**	ʤıjırma eki
dreiundzwanzig	**жыйырма үч**	ʤıjırma yʧ
dreißig	**отуз**	otuz
einunddreißig	**отуз бир**	otuz bir
zweiunddreißig	**отуз эки**	otuz eki
dreiunddreißig	**отуз үч**	otuz yʧ
vierzig	**кырк**	kırk
zweiundvierzig	**кырк эки**	kırk eki
dreiundvierzig	**кырк үч**	kırk yʧ
fünfzig	**элүү**	elyy
einundfünfzig	**элүү бир**	elyy bir
zweiundfünfzig	**элүү эки**	elyy eki

dreiundfünfzig	**элүү үч**	elyy ytʃ
sechzig	**алтымыш**	altımıʃ
einundsechzig	**алтымыш бир**	altımıʃ bir
zweiundsechzig	**алтымыш эки**	altımıʃ eki
dreiundsechzig	**алтымыш үч**	altımıʃ ytʃ
siebzig	**жетимиш**	dʒetimiʃ
einundsiebzig	**жетимиш бир**	dʒetimiʃ bir
zweiundsiebzig	**жетимиш эки**	dʒetimiʃ eki
dreiundsiebzig	**жетимиш үч**	dʒetimiʃ ytʃ
achtzig	**сексен**	seksen
einundachtzig	**сексен бир**	seksen bir
zweiundachtzig	**сексен эки**	seksen eki
dreiundachtzig	**сексен үч**	seksen ytʃ
neunzig	**токсон**	tokson
einundneunzig	**токсон бир**	tokson bir
zweiundneunzig	**токсон эки**	tokson eki
dreiundneunzig	**токсон үч**	tokson ytʃ

4. Grundzahlen. Teil 2

einhundert	**бир жүз**	bir dʒyz
zweihundert	**эки жүз**	eki dʒyz
dreihundert	**үч жүз**	ytʃ dʒyz
vierhundert	**төрт жүз**	tørt dʒyz
fünfhundert	**беш жүз**	beʃ dʒyz
sechshundert	**алты жүз**	altı dʒyz
siebenhundert	**жети жүз**	dʒeti dʒyz
achthundert	**сегиз жүз**	segiz dʒyz
neunhundert	**тогуз жүз**	toguz dʒyz
eintausend	**бир миң**	bir miŋ
zweitausend	**эки миң**	eki miŋ
dreitausend	**үч миң**	ytʃ miŋ
zehntausend	**он миң**	on miŋ
hunderttausend	**жүз миң**	dʒyz miŋ
Million (f)	**миллион**	million
Milliarde (f)	**миллиард**	milliard

5. Zahlen. Brüche

Bruch (m)	**бөлчөк**	bøltʃøk
Hälfte (f)	**экиден бир**	ekiden bir
Drittel (n)	**үчтөн бир**	ytʃtøn bir
Viertel (n)	**төрттөн бир**	tørttøn bir
Achtel (m, n)	**сегизден бир**	segizden bir
Zehntel (n)	**тогуздан бир**	toguzdan bir
zwei Drittel	**үчтөн эки**	ytʃtøn eki
drei Viertel	**төрттөн үч**	tørttøn ytʃ

6. Zahlen. Grundrechenarten

Subtraktion (f)	**кемитүү**	kemityy
subtrahieren (vt)	**кемитүү**	kemityy
Division (f)	**бөлүү**	bølyy
dividieren (vt)	**бөлүү**	bølyy
Addition (f)	**кошуу**	koʃuu
addieren (vt)	**кошуу**	koʃuu
hinzufügen (vt)	**кошуу**	koʃuu
Multiplikation (f)	**көбөйтүү**	købøjtyy
multiplizieren (vt)	**көбөйтүү**	købøjtyy

7. Zahlen. Verschiedenes

Ziffer (f)	**санарип**	sanarip
Zahl (f)	**сан**	san
Zahlwort (n)	**сан атооч**	san atooʧ
Minus (n)	**кемитүү**	kemityy
Plus (n)	**плюс**	plʉs
Formel (f)	**формула**	formula
Berechnung (f)	**эсептөө**	eseptøø
zählen (vt)	**саноо**	sanoo
berechnen (vt)	**эсептөө**	eseptøø
vergleichen (vt)	**салыштыруу**	salıʃtıruu
Wie viel, -e?	**Канча?**	kanʧa?
Summe (f)	**жыйынтык**	ʤıjıntık
Ergebnis (n)	**натыйжа**	natıjʤa
Rest (m)	**калдык**	kaldık
einige (~ Tage)	**бир нече**	bir neʧe
wenig (Adv)	**биртике**	bir az
einige, ein paar	**бир аз**	bir az
wenig (es kostet ~)	**кичине**	kiʧine
Übrige (n)	**калганы**	kalganı
anderthalb	**бир жарым**	bir ʤarım
Dutzend (n)	**он эки даана**	on eki daana
entzwei (Adv)	**тең экиге**	teŋ ekige
zu gleichen Teilen	**тең**	teŋ
Hälfte (f)	**жарым**	ʤarım
Mal (n)	**бир жолу**	bir ʤolu

8. Die wichtigsten Verben. Teil 1

abbiegen (nach links ~)	**бурулуу**	buruluu
abschicken (vt)	**жөнөтүү**	ʤønøtyy
ändern (vt)	**өзгөртүү**	øzgørtyy
andeuten (vt)	**четин чыгаруу**	ʧetin ʧıgaruu

Angst haben	**жазкануу**	ʤazkanuu
ankommen (vi)	**келүү**	kelyy
antworten (vi)	**жооп берүү**	ʤoop beryy
arbeiten (vi)	**иштөө**	iʃtøø
auf ... zählen	**... ишенүү**	... iʃenyy
aufbewahren (vt)	**сактоо**	saktoo
aufschreiben (vt)	**кагазга түшүрүү**	kagazga tyʃyryy
ausgehen (vi)	**чыгуу**	ʧıguu
aussprechen (vt)	**айтуу**	ajtuu
bedauern (vt)	**өкүнүү**	økynyy
bedeuten (vt)	**билдирүү**	bildiryy
beenden (vt)	**бүтүрүү**	bytyryy
befehlen (Milit.)	**буйрук кылуу**	bujruk kıluu
befreien (Stadt usw.)	**бошотуу**	boʃotuu
beginnen (vt)	**баштоо**	baʃtoo
bemerken (vt)	**байкоо**	bajkoo
beobachten (vt)	**байкоо салуу**	bajkoo
berühren (vt)	**тийүү**	tijyy
besitzen (vt)	**ээ болуу**	ee boluu
besprechen (vt)	**талкуулоо**	talkuuloo
bestehen auf	**көшөрүү**	køʃøryy
bestellen (im Restaurant)	**буйрутма кылуу**	bujrutma kıluu
bestrafen (vt)	**жазалоо**	ʤazaloo
beten (vi)	**дуба кылуу**	duba kıluu
bitten (vt)	**суроо**	suroo
brechen (vt)	**сындыруу**	sındıruu
denken (vi, vt)	**ойлоо**	ojloo
drohen (vi)	**коркутуу**	korkutuu
Durst haben	**суусап калуу**	suusap kaluu
einladen (vt)	**чакыруу**	ʧakıruu
einstellen (vt)	**токтотуу**	toktotuu
einwenden (vt)	**каршы болуу**	karʃı boluu
empfehlen (vt)	**сунуштоо**	sunuʃtoo
erklären (vt)	**түшүндүрүү**	tyʃyndyryy
erlauben (vt)	**уруксат берүү**	uruksat beryy
ermorden (vt)	**өлтүрүү**	øltyryy
erwähnen (vt)	**айтып өтүү**	ajtıp øtyy
existieren (vi)	**чыгуу**	ʧıguu

9. Die wichtigsten Verben. Teil 2

fallen (vi)	**жыгылуу**	ʤıgıluu
fallen lassen	**түшүрүп алуу**	tyʃyryp aluu
fangen (vt)	**кармоо**	karmoo
finden (vt)	**таап алуу**	taap aluu
fliegen (vi)	**учуу**	uʧuu
folgen (Folge mir!)	**... ээрчүү**	... eerʧyy
fortsetzen (vt)	**улантуу**	ulantuu

fragen (vt)	**суроо**	suroo
frühstücken (vi)	**эртең менен тамактануу**	erteŋ menen tamaktanuu
geben (vt)	**берүү**	beryy
gefallen (vi)	**жактыруу**	ʤaktıruu
gehen (zu Fuß gehen)	**жөө басуу**	ʤøø basuu
gehören (vi)	**таандык болуу**	taandık boluu
graben (vt)	**казуу**	kazuu
haben (vt)	**бар болуу**	bar boluu
helfen (vi)	**жардам берүү**	ʤardam beryy
herabsteigen (vi)	**ылдый түшүү**	ıldıj tyʃyy
hereinkommen (vi)	**кирүү**	kiryy
hoffen (vi)	**үмүттөнүү**	ymyttønyy
hören (vt)	**угуу**	uguu
hungrig sein	**ачка болуу**	aʧka boluu
informieren (vt)	**маалымат берүү**	maalımat beryy
jagen (vi)	**аңчылык кылуу**	aŋʧılık kıluu
kennen (vt)	**таануу**	taanuu
klagen (vi)	**арызданy**	arızdanuu
können (v mod)	**жасай алуу**	ʤasaj aluu
kontrollieren (vt)	**башкаруу**	baʃkaruu
kosten (vt)	**туруу**	turuu
kränken (vt)	**кемсинтүү**	kemsintyy
lächeln (vi)	**жылмаюу**	ʤılmaʤʉu
lachen (vi)	**күлүү**	kylyy
laufen (vi)	**чуркоо**	ʧurkoo
leiten (Betrieb usw.)	**башкаруу**	baʃkaruu
lernen (vt)	**окуу**	okuu
lesen (vi, vt)	**окуу**	okuu
lieben (vt)	**сүйүү**	syjyy
machen (vt)	**кылуу**	kıluu
mieten (Haus usw.)	**батирге алуу**	batirge aluu
nehmen (vt)	**алуу**	aluu
noch einmal sagen	**кайталоо**	kajtaloo
nötig sein	**керек болуу**	kerek boluu
öffnen (vt)	**ачуу**	aʧuu

10. Die wichtigsten Verben. Teil 3

planen (vt)	**пландаштыруу**	plandaʃtıruu
prahlen (vi)	**мактануу**	maktanuu
raten (vt)	**кеңеш берүү**	keŋeʃ beryy
rechnen (vt)	**саноо**	sanoo
reservieren (vt)	**камдык буйрутмалоо**	kamdık bujrutmaloo
retten (vt)	**куткаруу**	kutkaruu
richtig raten (vt)	**жандырмагын табуу**	ʤandırmagın tabuu
rufen (um Hilfe ~)	**чакыруу**	ʧakıruu

sagen (vt)	**айтуу**	ajtuu
schaffen (Etwas Neues zu ~)	**жаратуу**	ʤaratuu
schelten (vt)	**урушуу**	uruʃuu
schießen (vi)	**атуу**	atuu
schmücken (vt)	**кооздоо**	koozdoo
schreiben (vi, vt)	**жазуу**	ʤazuu
schreien (vi)	**кыйкыруу**	kıjkıruu
schweigen (vi)	**унчукпоо**	unʧukpoo
schwimmen (vi)	**сүзүү**	syzyy
schwimmen gehen	**сууга түшүү**	suuga tyʃyy
sehen (vi, vt)	**көрүү**	køryy
sein (vi)	**болуу**	boluu
sich beeilen	**шашуу**	ʃaʃuu
sich entschuldigen	**кечирим суроо**	keʧirim suroo
sich interessieren	**... кызыгуу**	... kızıguu
sich irren	**ката кетирүү**	kata ketiryy
sich setzen	**отуруу**	oturuu
sich weigern	**баш тартуу**	baʃ tartuu
spielen (vi, vt)	**ойноо**	ojnoo
sprechen (vi)	**сүйлөө**	syjløø
staunen (vi)	**таң калуу**	taŋ kaluu
stehlen (vt)	**уурдоо**	uurdoo
stoppen (vt)	**токтоо**	toktoo
suchen (vt)	**... издөө**	... izdøø

11. Die wichtigsten Verben. Teil 4

täuschen (vt)	**алдоо**	aldoo
teilnehmen (vi)	**катышуу**	katıʃuu
übersetzen (Buch usw.)	**которуу**	kotoruu
unterschätzen (vt)	**баалабоо**	baalaboo
unterschreiben (vt)	**кол коюу**	kol kojʉu
vereinigen (vt)	**бириктирүү**	biriktiryy
vergessen (vt)	**унутуу**	unutuu
vergleichen (vt)	**салыштыруу**	salıʃtıruu
verkaufen (vt)	**сатуу**	satuu
verlangen (vt)	**талап кылуу**	talap kıluu
versäumen (vt)	**калтыруу**	kaltıruu
versprechen (vt)	**убада берүү**	ubada beryy
verstecken (vt)	**жашыруу**	ʤaʃıruu
verstehen (vt)	**түшүнүү**	tyʃynyy
versuchen (vt)	**аракет кылуу**	araket kıluu
verteidigen (vt)	**коргоо**	korgoo
vertrauen (vi)	**ишенүү**	iʃenyy
verwechseln (vt)	**адаштыруу**	adaʃtıruu
verzeihen (vi, vt)	**кечирүү**	keʧiryy

verzeihen (vt)	**кечирүү**	ketʃiryy
voraussehen (vt)	**күтүү**	kytyy
vorschlagen (vt)	**сунуштоо**	sunuʃtoo
vorziehen (vt)	**артык көрүү**	artık køryy
wählen (vt)	**тандоо**	tandoo
warnen (vt)	**эскертүү**	eskertyy
warten (vi)	**күтүү**	kytyy
weinen (vi)	**ыйлоо**	ıjloo
wissen (vt)	**билүү**	bilyy
Witz machen	**тамашалоо**	tamaʃaloo
wollen (vt)	**каалоо**	kaaloo
zahlen (vt)	**төлөө**	tøløø
zeigen (jemandem etwas)	**көрсөтүү**	kørsøtyy
zu Abend essen	**кечки тамакты ичүү**	ketʃki tamaktı itʃyy
zu Mittag essen	**түштөнүү**	tyʃtønyy
zubereiten (vt)	**тамак бышыруу**	tamak bıʃıruu
zustimmen (vi)	**макул болуу**	makul boluu
zweifeln (vi)	**күмөн саноо**	kymøn sanoo

12. Farben

Farbe (f)	**түс**	tys
Schattierung (f)	**кошумча түс**	koʃumtʃa tys
Farbton (m)	**кубулуу**	kubuluu
Regenbogen (m)	**күндүн кулагы**	kyndyn kulagı
weiß	**ак**	ak
schwarz	**кара**	kara
grau	**боз**	boz
grün	**жашыл**	dʒaʃıl
gelb	**сары**	sarı
rot	**кызыл**	kızıl
blau	**көк**	køk
hellblau	**көгүлтүр**	køgyltyr
rosa	**мала**	mala
orange	**кызгылт сары**	kızgılt sarı
violett	**сыя көк**	sıja køk
braun	**күрөң**	kyrøŋ
golden	**алтын түстүү**	altın tystyy
silbrig	**күмүш өңдүү**	kymyʃ øŋdyy
beige	**сары боз**	sarı boz
cremefarben	**саргылт**	sargılt
türkis	**бирюза**	biruza
kirschrot	**кочкул кызыл**	kotʃkul kızıl
lila	**кызгылт көгүш**	kızgılt køgyʃ
himbeerrot	**ачык кызыл**	atʃık kızıl
hell	**ачык**	atʃık

dunkel	**күңүрт**	kyŋyrt
grell	**ачык**	aʧık
Farb- (z.B. -stifte)	**түстүү**	tystyy
Farb- (z.B. -film)	**түстүү**	tystyy
schwarz-weiß	**ак-кара**	ak-kara
einfarbig	**бир өңчөй түстө**	bir øŋʧøj tystø
bunt	**ар түрдүү түстө**	ar tyrdyy tystø

13. Fragen

Wer?	**Ким?**	kim?
Was?	**Эмне?**	emne?
Wo?	**Каерде?**	kaerde?
Wohin?	**Каяка?**	kajaka?
Woher?	**Каяктан?**	kajaktan?
Wann?	**Качан?**	kaʧan?
Wozu?	**Эмне үчүн?**	emne yʧyn?
Warum?	**Эмнеге?**	emnege?
Wofür?	**Кайсы керекке?**	kajsı kerekke?
Wie?	**Кандай?**	kandaj?
Welcher?	**Кайсы?**	kajsı?
Wem?	**Кимге?**	kimge?
Über wen?	**Ким жөнүндө?**	kim ʤønyndø?
Wovon? (~ sprichst du?)	**Эмне жөнүндө?**	emne ʤønyndø?
Mit wem?	**Ким менен?**	kim menen?
Wie viel? Wie viele?	**Канча?**	kanʧa?
Wessen?	**Кимдики?**	kimdiki?
Wessen? (Fem.)	**Кимдики?**	kimdiki?
Wessen? (pl)	**Кимдердики?**	kimderdiki?

14. Funktionswörter. Adverbien. Teil 1

Wo?	**Каерде?**	kaerde?
hier	**бул жерде**	bul ʤerde
dort	**тээтигил жакта**	teetigil ʤakta
irgendwo	**бир жерде**	bir ʤerde
nirgends	**эч жакта**	eʧ ʤakta
an (bei)	**... жанында**	... ʤanında
am Fenster	**терезенин жанында**	terezenin ʤanında
Wohin?	**Каяка?**	kajaka?
hierher	**бери**	beri
dahin	**нары**	narı
von hier	**бул жерден**	bul ʤerden
von da	**тигил жерден**	tigil ʤerden
nah (Adv)	**жакын**	ʤakın

weit, fern (Adv)	**алыс**	alıs
in der Nähe von ...	**... тегерегинде**	... tegereginde
in der Nähe	**жакын арада**	ʤakın arada
unweit (~ unseres Hotels)	**алыс эмес**	alıs emes
link (Adj)	**сол**	sol
links (Adv)	**сол жакта**	sol ʤakta
nach links	**солго**	solgo
recht (Adj)	**оң**	oŋ
rechts (Adv)	**оң жакта**	oŋ ʤakta
nach rechts	**оңго**	oŋgo
vorne (Adv)	**астыда**	astıda
Vorder-	**алдыңкы**	aldıŋkı
vorwärts	**алдыга**	aldıga
hinten (Adv)	**артында**	artında
von hinten	**артынан**	artınan
rückwärts (Adv)	**артка**	artka
Mitte (f)	**ортосу**	ortosu
in der Mitte	**ортосунда**	ortosunda
seitlich (Adv)	**капталында**	kaptalında
überall (Adv)	**бүт жерде**	byt ʤerde
ringsherum (Adv)	**айланасында**	ajlanasında
von innen (Adv)	**ичинде**	iʧinde
irgendwohin (Adv)	**бир жерде**	bir ʤerde
geradeaus (Adv)	**түз**	tyz
zurück (Adv)	**кайра**	kajra
irgendwoher (Adv)	**бир жерден**	bir ʤerden
von irgendwo (Adv)	**бир жактан**	bir ʤaktan
erstens	**биринчиден**	birinʧiden
zweitens	**экинчиден**	ekinʧiden
drittens	**үчүнчүдөн**	yʧynʧydøn
plötzlich (Adv)	**күтпөгөн жерден**	kytpøgøn ʤerden
zuerst (Adv)	**башында**	baʃında
zum ersten Mal	**биринчи жолу**	birinʧi ʤolu
lange vor...	**... алдында**	... aldında
von Anfang an	**башынан**	baʃınan
für immer	**түбөлүккө**	tybølykkø
nie (Adv)	**эч качан**	eʧ kaʧan
wieder (Adv)	**кайра**	kajra
jetzt (Adv)	**эми**	emi
oft (Adv)	**көпчүлүк учурда**	køpʧylyk uʧurda
damals (Adv)	**анда**	anda
dringend (Adv)	**тезинен**	tezinen
gewöhnlich (Adv)	**көбүнчө**	købynʧø
übrigens, ...	**баса, ...**	basa, ...
möglicherweise (Adv)	**мүмкүн**	mymkyn

wahrscheinlich (Adv)	**балким**	balkim
vielleicht (Adv)	**ыктымал**	ıktımal
außerdem ...	**андан тышкары, ...**	andan tıʃkarı, ...
deshalb ...	**ошондуктан ...**	oʃonduktan ...
trotz ...	**... карабастан**	... karabastan
dank ...	**... күчү менен**	... kyʧy menen
was (~ ist denn?)	**эмне**	emne
das (~ ist alles)	**эмне**	emne
etwas	**бир нерсе**	bir nerse
irgendwas	**бир нерсе**	bir nerse
nichts	**эч нерсе**	eʧ nerse
wer (~ ist ~?)	**ким**	kim
jemand	**кимдир бирөө**	kimdir birøø
irgendwer	**бирөө жарым**	birøø ʤarım
niemand	**эч ким**	eʧ kim
nirgends	**эч жака**	eʧ ʤaka
niemandes (~ Eigentum)	**эч кимдики**	eʧ kimdiki
jemandes	**бирөөнүкү**	birøønyky
so (derart)	**эми**	emi
auch	**ошондой эле**	oʃondoj ele
ebenfalls	**дагы**	dagı

15. Funktionswörter. Adverbien. Teil 2

Warum?	**Эмнеге?**	emnege?
aus irgendeinem Grund	**эмнегедир**	emnegedir
weil ...	**... себептен**	... sebepten
zu irgendeinem Zweck	**эмне үчүндүр**	emne yʧyndyr
und	**жана**	ʤana
oder	**же**	ʤe
aber	**бирок**	birok
für (präp)	**үчүн**	yʧyn
zu (~ viele)	**өтө эле**	øtø ele
nur (~ einmal)	**азыр эле**	azır ele
genau (Adv)	**так**	tak
etwa	**болжол менен**	bolʤol menen
ungefähr (Adv)	**болжол менен**	bolʤol menen
ungefähr (Adj)	**болжолдуу**	bolʤolduu
fast	**дээрлик**	deerlik
Übrige (n)	**калганы**	kalganı
der andere	**башка**	baʃka
andere	**башка бөлөк**	baʃka bøløk
jeder (~ Mann)	**ар бири**	ar biri
beliebig (Adj)	**баардык**	baardık
viel	**көп**	køp
viele Menschen	**көбү**	køby

alle (wir ~)	**баары**	baarı
im Austausch gegen ...	**... алмашуу**	... almaʃuu
dafür (Adv)	**ордуна**	orduna
mit der Hand (Hand-)	**колго**	kolgo
schwerlich (Adv)	**ишенүүгө болбойт**	iʃenyygø bolbojt
wahrscheinlich (Adv)	**балким**	balkim
absichtlich (Adv)	**атайын**	atajın
zufällig (Adv)	**кокустан**	kokustan
sehr (Adv)	**аябай**	ajabaj
zum Beispiel	**мисалы**	misalı
zwischen	**ортосунда**	ortosunda
unter (Wir sind ~ Mördern)	**арасында**	arasında
so viele (~ Ideen)	**ошончо**	oʃontʃo
besonders (Adv)	**өзгөчө**	øzgøtʃø

Grundbegriffe. Teil 2

16. Wochentage

Montag (m)	**дүйшөмбү**	dyjʃømby
Dienstag (m)	**шейшемби**	ʃejʃembi
Mittwoch (m)	**шаршемби**	ʃarʃembi
Donnerstag (m)	**бейшемби**	bejʃembi
Freitag (m)	**жума**	ʤuma
Samstag (m)	**ишенби**	iʃenbi
Sonntag (m)	**жекшемби**	ʤekʃembi
heute	**бүгүн**	bygyn
morgen	**эртең**	erteŋ
übermorgen	**бирсүгүнү**	birsygyny
gestern	**кечээ**	keʧee
vorgestern	**мурда күнү**	murda kyny
Tag (m)	**күн**	kyn
Arbeitstag (m)	**иш күнү**	iʃ kyny
Feiertag (m)	**майрам күнү**	majram kyny
freier Tag (m)	**дем алыш күн**	dem alıʃ kyn
Wochenende (n)	**дем алыш күндөр**	dem alıʃ kyndør
den ganzen Tag	**күнү бою**	kyny boju
am nächsten Tag	**кийинки күнү**	kijinki kyny
zwei Tage vorher	**эки күн мурун**	eki kyn murun
am Vortag	**жакында**	ʤakında
täglich (Adj)	**күндө**	kyndø
täglich (Adv)	**күн сайын**	kyn sajın
Woche (f)	**жума**	ʤuma
letzte Woche	**өткөн жумада**	øtkøn ʤumada
nächste Woche	**келаткан жумада**	kelatkan ʤumada
wöchentlich (Adj)	**жума сайын**	ʤuma sajın
wöchentlich (Adv)	**жума сайын**	ʤuma sajın
zweimal pro Woche	**жумасына эки жолу**	ʤumasına eki ʤolu
jeden Dienstag	**ар шейшемби**	ar ʃejʃembi

17. Stunden. Tag und Nacht

Morgen (m)	**таң**	taŋ
morgens	**эртең менен**	erteŋ menen
Mittag (m)	**жарым күн**	ʤarım kyn
nachmittags	**түштөн кийин**	tyʃtøn kijin
Abend (m)	**кеч**	keʧ
abends	**кечинде**	keʧinde

Nacht (f)	**түн**	tyn
nachts	**түндө**	tyndø
Mitternacht (f)	**жарым түн**	ʤarım tyn
Sekunde (f)	**секунда**	sekunda
Minute (f)	**мүнөт**	mynøt
Stunde (f)	**саат**	saat
eine halbe Stunde	**жарым саат**	ʤarım saat
Viertelstunde (f)	**чейрек саат**	ʧejrek saat
fünfzehn Minuten	**он беш мүнөт**	on beʃ mynøt
Tag und Nacht	**сутка**	sutka
Sonnenaufgang (m)	**күндүн чыгышы**	kyndyn ʧıgıʃı
Morgendämmerung (f)	**таң агаруу**	taŋ agaruu
früher Morgen (m)	**таң эрте**	taŋ erte
Sonnenuntergang (m)	**күн батуу**	kyn batuu
früh am Morgen	**таң эрте**	taŋ erte
heute Morgen	**бүгүн эртең менен**	bygyn erteŋ menen
morgen früh	**эртең эртең менен**	erteŋ erteŋ menen
heute Mittag	**күндүзү**	kyndyzy
nachmittags	**түштөн кийин**	tyʃtøn kijin
morgen Nachmittag	**эртең түштөн кийин**	erteŋ tyʃtøn kijin
heute Abend	**бүгүн кечинде**	bygyn keʧinde
morgen Abend	**эртең кечинде**	erteŋ keʧinde
Punkt drei Uhr	**туура саат үчтө**	tuura saat yʧtø
gegen vier Uhr	**болжол менен төрт саат**	bolʤol menen tørt saat
um zwölf Uhr	**саат он экиде**	saat on ekide
in zwanzig Minuten	**жыйырма мүнөттөн кийин**	ʤıjırma mynøttøn kijin
in einer Stunde	**бир сааттан кийин**	bir saattan kijin
rechtzeitig (Adv)	**өз убагында**	øz ubagında
Viertel vor ...	**... он беш мүнөт калды**	... on beʃ mynøt kaldı
innerhalb einer Stunde	**бир сааттын ичинде**	bir saattın iʧinde
alle fünfzehn Minuten	**он беш мүнөт сайын**	on beʃ mynøt sajın
Tag und Nacht	**бир сутка бою**	bir sutka boju

18. Monate. Jahreszeiten

Januar (m)	**январь**	janvarʲ
Februar (m)	**февраль**	fevralʲ
März (m)	**март**	mart
April (m)	**апрель**	aprelʲ
Mai (m)	**май**	maj
Juni (m)	**июнь**	ijunʲ
Juli (m)	**июль**	ijulʲ
August (m)	**август**	avgust
September (m)	**сентябрь**	sentʲabrʲ
Oktober (m)	**октябрь**	oktʲabrʲ

November (m)	**ноябрь**	nojabrʲ
Dezember (m)	**декабрь**	dekabrʲ
Frühling (m)	**жаз**	ʤaz
im Frühling	**жазында**	ʤazında
Frühlings-	**жазгы**	ʤazgı
Sommer (m)	**жай**	ʤaj
im Sommer	**жайында**	ʤajında
Sommer-	**жайкы**	ʤajkı
Herbst (m)	**күз**	kyz
im Herbst	**күзүндө**	kyzyndø
Herbst-	**күздүк**	kyzdyk
Winter (m)	**кыш**	kıʃ
im Winter	**кышында**	kıʃında
Winter-	**кышкы**	kıʃkı
Monat (m)	**ай**	aj
in diesem Monat	**ушул айда**	uʃul ajda
nächsten Monat	**кийинки айда**	kijinki ajda
letzten Monat	**өткөн айда**	øtkøn ajda
vor einem Monat	**бир ай мурун**	bir aj murun
über eine Monat	**бир айдан кийин**	bir ajdan kijin
in zwei Monaten	**эки айдан кийин**	eki ajdan kijin
den ganzen Monat	**толук бир ай**	toluk bir aj
monatlich (Adj)	**ай сайын**	aj sajın
monatlich (Adv)	**ай сайын**	aj sajın
jeden Monat	**ар бир айда**	ar bir ajda
zweimal pro Monat	**айына эки жолу**	ajına eki ʤolu
Jahr (n)	**жыл**	ʤıl
dieses Jahr	**бул жылы**	bul ʤılı
nächstes Jahr	**келаткан жылы**	kelatkan ʤılı
voriges Jahr	**өткөн жылы**	øtkøn ʤılı
vor einem Jahr	**бир жыл мурун**	bir ʤıl murun
in einem Jahr	**бир жылдан кийин**	bir ʤıldan kijin
in zwei Jahren	**эки жылдан кийин**	eki ʤıldan kijin
das ganze Jahr	**толук бир жыл**	toluk bir ʤıl
jedes Jahr	**ар жыл сайын**	ar ʤıl sajın
jährlich (Adj)	**жыл сайын**	ʤıl sajın
jährlich (Adv)	**жыл сайын**	ʤıl sajın
viermal pro Jahr	**жылына төрт жолу**	ʤılına tørt ʤolu
Datum (heutige ~)	**число**	ʧislo
Datum (Geburts-)	**күн**	kyn
Kalender (m)	**календарь**	kalendarʲ
ein halbes Jahr	**жарым жыл**	ʤarım ʤıl
Halbjahr (n)	**жарым чейрек**	ʤarım ʧejrek
Saison (f)	**мезгил**	mezgil
Jahrhundert (n)	**кылым**	kılım

19. Zeit. Verschiedenes

Zeit (f)	**убакыт**	ubakıt
Augenblick (m)	**учур**	utʃur
Moment (m)	**көз ирмемде**	køz irmemde
augenblicklich (Adj)	**көз ирмемде**	køz irmemde
Zeitspanne (f)	**убакыттын бир бөлүгү**	ubakıttın bir bølygy
Leben (n)	**жашоо**	dʒaʃoo
Ewigkeit (f)	**түбөлүк**	tybølyk
Epoche (f)	**доор**	door
Ära (f)	**заман**	zaman
Zyklus (m)	**мерчим**	mertʃim
Periode (f)	**мезгил**	mezgil
Frist (äußerste ~)	**мөөнөт**	møønøt
Zukunft (f)	**келечек**	keletʃek
zukünftig (Adj)	**келечек**	keletʃek
nächstes Mal	**кийинки жолу**	kijinki dʒolu
Vergangenheit (f)	**өткөн**	øtkøn
vorig (Adj)	**өткөн**	øtkøn
letztes Mal	**өткөндө**	øtkøndø
später (Adv)	**кийнчерээк**	kijntʃereek
danach	**кийин**	kijin
zur Zeit	**азыр, учурда**	azır, utʃurda
jetzt	**азыр**	azır
sofort	**тез арада**	tez arada
bald	**жакында**	dʒakında
im Voraus	**алдын ала**	aldın ala
lange her	**көп убакыт мурун**	køp ubakıt murun
vor kurzem	**жакындан бери**	dʒakından beri
Schicksal (n)	**тагдыр**	tagdır
Erinnerungen (pl)	**эсте калганы**	este kalganı
Archiv (n)	**архив**	arχiv
während …	**… убагында**	… ubagında
lange (Adv)	**узак**	uzak
nicht lange (Adv)	**узак эмес**	uzak emes
früh (~ am Morgen)	**эрте**	erte
spät (Adv)	**кеч**	ketʃ
für immer	**түбөлүк**	tybølyk
beginnen (vt)	**баштоо**	baʃtoo
verschieben (vt)	**жылдыруу**	dʒıldıruu
gleichzeitig	**бир учурда**	bir utʃurda
ständig (Adv)	**үзгүлтүксүз**	yzgyltyksyz
konstant (Adj)	**үзгүлтүксүз**	yzgyltyksyz
zeitweilig (Adj)	**убактылуу**	ubaktıluu
manchmal	**кедээ**	kedee
selten (Adv)	**чанда**	tʃanda
oft	**көпчүлүк учурда**	køptʃylyk utʃurda

20. Gegenteile

reich (Adj)	**бай**	baj
arm (Adj)	**кедей**	kedej
krank (Adj)	**оорулуу**	ooruluu
gesund (Adj)	**дени сак**	deni sak
groß (Adj)	**чоң**	ʧoŋ
klein (Adj)	**кичине**	kiʧine
schnell (Adv)	**тез**	tez
langsam (Adv)	**жай**	ʤaj
schnell (Adj)	**тез**	tez
langsam (Adj)	**жай**	ʤaj
froh (Adj)	**шайыр**	ʃajır
traurig (Adj)	**муңдуу**	muŋduu
zusammen	**бирге**	birge
getrennt (Adv)	**өзүнчө**	øzynʧø
laut (~ lesen)	**үн чыгарып**	yn ʧıgarıp
still (~ lesen)	**үн чыгарбай**	yn ʧıgarbaj
hoch (Adj)	**бийик**	bijik
niedrig (Adj)	**жапыз**	ʤapız
tief (Adj)	**терең**	tereŋ
flach (Adj)	**тайыз**	tajız
ja	**ооба**	ooba
nein	**жок**	ʤok
fern (Adj)	**алыс**	alıs
nah (Adj)	**жакын**	ʤakın
weit (Adv)	**алыс**	alıs
nebenan (Adv)	**жакын арада**	ʤakın arada
lang (Adj)	**узун**	uzun
kurz (Adj)	**кыска**	kıska
gut (gütig)	**кайрымдуу**	kajrımduu
böse (der ~ Geist)	**каардуу**	kaarduu
verheiratet (Ehemann)	**аялы бар**	ajalı bar
ledig (Adj)	**бойдок**	bojdok
verbieten (vt)	**тыюу салуу**	tıjuu saluu
erlauben (vt)	**уруксат берүү**	uruksat beryy
Ende (n)	**аягы**	ajagı
Anfang (m)	**башталыш**	baʃtalıʃ

link (Adj)	**сол**	sol
recht (Adj)	**оң**	oŋ
der erste	**биринчи**	birinʧi
der letzte	**акыркы**	akırkı
Verbrechen (n)	**кылмыш**	kılmıʃ
Bestrafung (f)	**жаза**	ʤaza
befehlen (vt)	**буйрук кылуу**	bujruk kıluu
gehorchen (vi)	**баш ийүү**	baʃ ijyy
gerade (Adj)	**түз**	tyz
krumm (Adj)	**кыйшак**	kıjʃak
Paradies (n)	**бейиш**	bejiʃ
Hölle (f)	**тозок**	tozok
geboren sein	**төрөлүү**	tørølyy
sterben (vi)	**өлүү**	ølyy
stark (Adj)	**күчтүү**	kyʧtyy
schwach (Adj)	**алсыз**	alsız
alt	**эски**	eski
jung (Adj)	**жаш**	ʤaʃ
alt (Adj)	**эски**	eski
neu (Adj)	**жаңы**	ʤaŋı
hart (Adj)	**катуу**	katuu
weich (Adj)	**жумшак**	ʤumʃak
warm (Adj)	**жылуу**	ʤıluu
kalt (Adj)	**муздак**	muzdak
dick (Adj)	**семиз**	semiz
mager (Adj)	**арык**	arık
eng (Adj)	**тар**	tar
breit (Adj)	**кең**	keŋ
gut (Adj)	**жакшы**	ʤakʃı
schlecht (Adj)	**жаман**	ʤaman
tapfer (Adj)	**кайраттуу**	kajrattuu
feige (Adj)	**суу жүрөк**	suu ʤyrøk

21. Linien und Formen

Quadrat (n)	**чарчы**	ʧarʧı
quadratisch	**чарчы**	ʧarʧı
Kreis (m)	**тегерек**	tegerek
rund	**тегерек**	tegerek

Dreieck (n)	**үч бурчтук**	yʧ burʧtuk
dreieckig	**үч бурчтуу**	yʧ burʧtuu
Oval (n)	**жумуру**	ʤumuru
oval	**жумуру**	ʤumuru
Rechteck (n)	**тик бурчтук**	tik burʧtuk
rechteckig	**тик бурчтуу**	tik burʧtuu
Pyramide (f)	**пирамида**	piramida
Rhombus (m)	**ромб**	romb
Trapez (n)	**трапеция**	trapetsija
Würfel (m)	**куб**	kub
Prisma (n)	**призма**	prizma
Kreis (m)	**айлана**	ajlana
Sphäre (f)	**сфера**	sfera
Kugel (f)	**шар**	ʃar
Durchmesser (m)	**диаметр**	diametr
Radius (m)	**радиус**	radius
Umfang (m)	**периметр**	perimetr
Zentrum (n)	**борбор**	borbor
waagerecht (Adj)	**туурасынан**	tuurasınan
senkrecht (Adj)	**тикесинен**	tikesinen
Parallele (f)	**параллель**	parallelʲ
parallel (Adj)	**параллель**	parallelʲ
Linie (f)	**сызык**	sızık
Strich (m)	**сызык**	sızık
Gerade (f)	**түз сызык**	tyz sızık
Kurve (f)	**кыйшык сызык**	kıjʃık sızık
dünn (schmal)	**ичке**	iʧke
Kontur (f)	**караан**	karaan
Schnittpunkt (m)	**кесилиш**	kesiliʃ
rechter Winkel (m)	**тик бурч**	tik burʧ
Segment (n)	**сегмент**	segment
Sektor (m)	**сектор**	sektor
Seite (f)	**каптал**	kaptal
Winkel (m)	**бурч**	burʧ

22. Maßeinheiten

Gewicht (n)	**салмак**	salmak
Länge (f)	**узундук**	uzunduk
Breite (f)	**жазылык**	ʤazılık
Höhe (f)	**бийиктик**	bijiktik
Tiefe (f)	**тереңдик**	tereŋdik
Volumen (n)	**көлөм**	køløm
Fläche (f)	**аянт**	ajant
Gramm (n)	**грамм**	gramm
Milligramm (n)	**миллиграмм**	milligramm
Kilo (n)	**килограмм**	kilogramm

Tonne (f)	**тонна**	tonna
Pfund (n)	**фунт**	funt
Unze (f)	**унция**	unʦija
Meter (m)	**метр**	metr
Millimeter (m)	**миллиметр**	millimetr
Zentimeter (m)	**сантиметр**	santimetr
Kilometer (m)	**километр**	kilometr
Meile (f)	**миля**	milʲa
Zoll (m)	**дюйм**	dʉjm
Fuß (m)	**фут**	fut
Yard (n)	**ярд**	jard
Quadratmeter (m)	**квадраттык метр**	kvadrattık metr
Hektar (n)	**гектар**	gektar
Liter (m)	**литр**	litr
Grad (m)	**градус**	gradus
Volt (n)	**вольт**	volʲt
Ampere (n)	**ампер**	amper
Pferdestärke (f)	**ат күчү**	at kyʧy
Anzahl (f)	**саны**	sanı
etwas ...	**... бир аз**	... bir az
Hälfte (f)	**жарым**	ʤarım
Dutzend (n)	**он эки даана**	on eki daana
Stück (n)	**даана**	daana
Größe (f)	**чоңдук**	ʧoŋduk
Maßstab (m)	**өлчөмчөн**	ølʧømʧen
minimal (Adj)	**минималдуу**	minimalduu
der kleinste	**эң кичинекей**	eŋ kiʧinekej
mittler, mittel-	**орточо**	ortoʧo
maximal (Adj)	**максималдуу**	maksimalduu
der größte	**эң чоң**	eŋ ʧoŋ

23. Behälter

Glas (Einmachglas)	**банка**	banka
Dose (z.B. Bierdose)	**банка**	banka
Eimer (m)	**чака**	ʧaka
Fass (n), Tonne (f)	**бочка**	boʧka
Waschschüssel (n)	**дагара**	dagara
Tank (m)	**бак**	bak
Flachmann (m)	**фляжка**	flʲaʤka
Kanister (m)	**канистра**	kanistra
Zisterne (f)	**цистерна**	ʦısterna
Kaffeebecher (m)	**кружка**	kruʤka
Tasse (f)	**чөйчөк**	ʧøjʧøk
Untertasse (f)	**табак**	tabak

Wasserglas (n)	**ыстакан**	ıstakan
Weinglas (n)	**бокал**	bokal
Kochtopf (m)	**мискей**	miskej
Flasche (f)	**бөтөлкө**	bøtølkø
Flaschenhals (m)	**оозу**	oozu
Karaffe (f)	**графин**	grafin
Tonkrug (m)	**кумура**	kumura
Gefäß (n)	**идиш**	idiʃ
Tontopf (m)	**карапа**	karapa
Vase (f)	**ваза**	vaza
Flakon (n)	**флакон**	flakon
Fläschchen (n)	**кичине бөтөлкө**	kiʧine bøtølkø
Tube (z.B. Zahnpasta)	**тюбик**	tʉbik
Sack (~ Kartoffeln)	**кап**	kap
Tüte (z.B. Plastiktüte)	**пакет**	paket
Schachtel (f) (z.B. Zigaretten~)	**пачке**	paʧke
Karton (z.B. Schuhkarton)	**куту**	kutu
Kiste (z.B. Bananenkiste)	**үкөк**	ykøk
Korb (m)	**себет**	sebet

24. Werkstoffe

Stoff (z.B. Baustoffe)	**материал**	material
Holz (n)	**жыгач**	ʤıgaʧ
hölzern	**жыгач**	ʤıgaʧ
Glas (n)	**айнек**	ajnek
gläsern, Glas-	**айнек**	ajnek
Stein (m)	**таш**	taʃ
steinern	**таш**	taʃ
Kunststoff (m)	**пластик**	plastik
Kunststoff-	**пластик**	plastik
Gummi (n)	**резина**	rezina
Gummi-	**резина**	rezina
Stoff (m)	**кездеме**	kezdeme
aus Stoff	**кездеме**	kezdeme
Papier (n)	**кагаз**	kagaz
Papier-	**кагаз**	kagaz
Pappe (f)	**картон**	karton
Pappen-	**картон**	karton
Polyäthylen (n)	**полиэтилен**	polietilen
Zellophan (n)	**целлофан**	ʦellofan

Linoleum (n)	**линолеум**	linoleum
Furnier (n)	**фанера**	fanera
Porzellan (n)	**фарфор**	farfor
aus Porzellan	**фарфор**	farfor
Ton (m)	**чопо**	ʧopo
Ton-	**чопо**	ʧopo
Keramik (f)	**карапа**	karapa
keramisch	**карапа**	karapa

25. Metalle

Metall (n)	**металл**	metall
metallisch, Metall-	**металл**	metall
Legierung (f)	**эритме**	eritme
Gold (n)	**алтын**	altın
golden	**алтын**	altın
Silber (n)	**күмүш**	kymyʃ
silbern, Silber-	**күмүш**	kymyʃ
Eisen (n)	**темир**	temir
eisern, Eisen-	**темир**	temir
Stahl (m)	**болот**	bolot
stählern	**болот**	bolot
Kupfer (n)	**жез**	ʤez
kupfern, Kupfer-	**жез**	ʤez
Aluminium (n)	**алюминий**	alʉminij
Aluminium-	**алюминий**	alʉminij
Bronze (f)	**коло**	kolo
bronzen	**коло**	kolo
Messing (n)	**латунь**	latunʲ
Nickel (n)	**никель**	nikelʲ
Platin (n)	**платина**	platina
Quecksilber (n)	**сымап**	sımap
Zinn (n)	**калай**	kalaj
Blei (n)	**коргошун**	korgoʃun
Zink (n)	**цинк**	ʦınk

DER MENSCH

Der Mensch. Körper

26. Menschen. Grundbegriffe

Mensch (m)	**адам**	adam
Mann (m)	**эркек**	erkek
Frau (f)	**аял**	ajal
Kind (n)	**бала**	bala
Mädchen (n)	**кыз бала**	kız bala
Junge (m)	**бала**	bala
Teenager (m)	**өспүрүм**	øspyrym
Greis (m)	**абышка**	abıʃka
alte Frau (f)	**кемпир**	kempir

27. Anatomie des Menschen

Organismus (m)	**организм**	organizm
Herz (n)	**жүрөк**	ʤyrøk
Blut (n)	**кан**	kan
Arterie (f)	**артерия**	arterija
Vene (f)	**вена**	vena
Gehirn (n)	**мээ**	mee
Nerv (m)	**нерв**	nerv
Nerven (pl)	**нервдер**	nervder
Wirbel (m)	**омуртка**	omurtka
Wirbelsäule (f)	**кыр арка**	kır arka
Magen (m)	**ашказан**	aʃkazan
Gedärm (n)	**ичеги-карын**	iʧegi-karın
Darm (z.B. Dickdarm)	**ичеги**	iʧegi
Leber (f)	**боор**	boor
Niere (f)	**бөйрөк**	bøjrøk
Knochen (m)	**сөөк**	søøk
Skelett (n)	**скелет**	skelet
Rippe (f)	**кабырга**	kabırga
Schädel (m)	**баш сөөгү**	baʃ søøgy
Muskel (m)	**булчуң**	bulʧuŋ
Bizeps (m)	**бицепс**	bitseps
Trizeps (m)	**трицепс**	tritseps
Sehne (f)	**тарамыш**	taramıʃ
Gelenk (n)	**муундар**	muundar

Lungen (pl)	**өпкө**	øpkø
Geschlechtsorgane (pl)	**жан жер**	ʤan ʤer
Haut (f)	**тери**	teri

28. Kopf

Kopf (m)	**баш**	baʃ
Gesicht (n)	**бет**	bet
Nase (f)	**мурун**	murun
Mund (m)	**ооз**	ooz
Auge (n)	**көз**	køz
Augen (pl)	**көздөр**	køzdør
Pupille (f)	**карек**	karek
Augenbraue (f)	**каш**	kaʃ
Wimper (f)	**кирпик**	kirpik
Augenlid (n)	**кабак**	kabak
Zunge (f)	**тил**	til
Zahn (m)	**тиш**	tiʃ
Lippen (pl)	**эриндер**	erinder
Backenknochen (pl)	**бет сөөгү**	bet søøgy
Zahnfleisch (n)	**тиш эти**	tiʃ eti
Gaumen (m)	**таңдай**	taŋdaj
Nasenlöcher (pl)	**мурун тешиги**	murun teʃigi
Kinn (n)	**ээк**	eek
Kiefer (m)	**жаак**	ʤaak
Wange (f)	**бет**	bet
Stirn (f)	**чеке**	ʧeke
Schläfe (f)	**чыкый**	ʧıkıj
Ohr (n)	**кулак**	kulak
Nacken (m)	**желке**	ʤelke
Hals (m)	**моюн**	mojʉn
Kehle (f)	**тамак**	tamak
Haare (pl)	**чач**	ʧaʧ
Frisur (f)	**чач жасоо**	ʧaʧ ʤasoo
Haarschnitt (m)	**чач кыркуу**	ʧaʧ kırkuu
Perücke (f)	**парик**	parik
Schnurrbart (m)	**мурут**	murut
Bart (m)	**сакал**	sakal
haben (einen Bart ~)	**мурут коюу**	murut kojʉu
Zopf (m)	**өрүм чач**	ørym ʧaʧ
Backenbart (m)	**бакенбарда**	bakenbarda
rothaarig	**сары**	sarı
grau	**ак чачтуу**	ak ʧaʧtuu
kahl	**таз**	taz
Glatze (f)	**кашка**	kaʃka
Pferdeschwanz (m)	**куйрук**	kujruk
Pony (Ponyfrisur)	**көкүл**	køkyl

29. Menschlicher Körper

Hand (f)	**беш манжа**	beʃ manʤa
Arm (m)	**кол**	kol
Finger (m)	**манжа**	manʤa
Zehe (f)	**манжа**	manʤa
Daumen (m)	**бармак**	barmak
kleiner Finger (m)	**чыпалак**	ʧıpalak
Nagel (m)	**тырмак**	tırmak
Faust (f)	**муштум**	muʃtum
Handfläche (f)	**алакан**	alakan
Handgelenk (n)	**билек**	bilek
Unterarm (m)	**каруу**	karuu
Ellbogen (m)	**чыканак**	ʧıkanak
Schulter (f)	**ийин**	ijin
Bein (n)	**бут**	but
Fuß (m)	**таман**	taman
Knie (n)	**тизе**	tize
Wade (f)	**балтыр**	baltır
Hüfte (f)	**сан**	san
Ferse (f)	**согончок**	sogonʧok
Körper (m)	**дене**	dene
Bauch (m)	**курсак**	kursak
Brust (f)	**төш**	tøʃ
Busen (m)	**эмчек**	emʧek
Seite (f), Flanke (f)	**каптал**	kaptal
Rücken (m)	**арка жон**	arka ʤon
Kreuz (n)	**бел**	bel
Taille (f)	**бел**	bel
Nabel (m)	**киндик**	kindik
Gesäßbacken (pl)	**жамбаш**	ʤambaʃ
Hinterteil (n)	**көчүк**	køʧyk
Leberfleck (m)	**мең**	meŋ
Muttermal (n)	**кал**	kal
Tätowierung (f)	**татуировка**	tatuirovka
Narbe (f)	**тырык**	tırık

Kleidung & Accessoires

30. Oberbekleidung. Mäntel

Kleidung (f)	**кийим**	kijim
Oberkleidung (f)	**үстүңкү кийим**	ystyŋky kijim
Winterkleidung (f)	**кышкы кийим**	kıʃkı kijim
Mantel (m)	**пальто**	palʲto
Pelzmantel (m)	**тон**	ton
Pelzjacke (f)	**чолок тон**	ʧolok ton
Daunenjacke (f)	**мамык олпок**	mamık olpok
Jacke (z.B. Lederjacke)	**күрмө**	kyrmø
Regenmantel (m)	**плащ**	plaʃʧ
wasserdicht	**суу өткүс**	suu øtkys

31. Herren- & Damenbekleidung

Hemd (n)	**көйнөк**	køjnøk
Hose (f)	**шым**	ʃım
Jeans (pl)	**джинсы**	ʤinsı
Jackett (n)	**бешмант**	beʃmant
Anzug (m)	**костюм**	kostʉm
Damenkleid (n)	**көйнөк**	køjnøk
Rock (m)	**юбка**	jʉbka
Bluse (f)	**блузка**	bluzka
Strickjacke (f)	**кофта**	kofta
Jacke (Damen Kostüm)	**кыска бешмант**	kıska beʃmant
T-Shirt (n)	**футболка**	futbolka
Shorts (pl)	**чолок шым**	ʧolok ʃım
Sportanzug (m)	**спорт кийими**	sport kijimi
Bademantel (m)	**халат**	χalat
Schlafanzug (m)	**пижама**	piʤama
Sweater (m)	**свитер**	sviter
Pullover (m)	**пуловер**	pulover
Weste (f)	**жилет**	ʤilet
Frack (m)	**фрак**	frak
Smoking (m)	**смокинг**	smoking
Uniform (f)	**форма**	forma
Arbeitskleidung (f)	**жумуш кийим**	ʤumuʃ kijim
Overall (m)	**комбинезон**	kombinezon
Kittel (z.B. Arztkittel)	**халат**	χalat

32. Kleidung. Unterwäsche

Unterwäsche (f)	**ич кийим**	itʃ kijim
Herrenslip (m)	**эркектер чолок дамбалы**	erkekter tʃolok dambalı
Damenslip (m)	**аялдар трусиги**	ajaldar trusigi
Unterhemd (n)	**майка**	majka
Socken (pl)	**байпак**	bajpak
Nachthemd (n)	**жатаарда кийүүчү көйнөк**	dʒataarda kijyytʃy køjnøk
Büstenhalter (m)	**бюстгальтер**	bʉstgalʲter
Kniestrümpfe (pl)	**гольфы**	golʲfı
Strumpfhose (f)	**колготки**	kolgotki
Strümpfe (pl)	**байпак**	bajpak
Badeanzug (m)	**купальник**	kupalʲnik

33. Kopfbekleidung

Mütze (f)	**топу**	topu
Filzhut (m)	**шляпа**	ʃlʲapa
Baseballkappe (f)	**бейсболка**	bejsbolka
Schiebermütze (f)	**кепка**	kepka
Baskenmütze (f)	**берет**	beret
Kapuze (f)	**капюшон**	kapʉʃon
Panamahut (m)	**панамка**	panamka
Strickmütze (f)	**токулган шапка**	tokulgan ʃapka
Kopftuch (n)	**жоолук**	dʒooluk
Damenhut (m)	**шляпа**	ʃlʲapa
Schutzhelm (m)	**каска**	kaska
Feldmütze (f)	**пилотка**	pilotka
Helm (z.B. Motorradhelm)	**шлем**	ʃlem
Melone (f)	**котелок**	kotelok
Zylinder (m)	**цилиндр**	tsılindr

34. Schuhwerk

Schuhe (pl)	**бут кийим**	but kijim
Stiefeletten (pl)	**ботинка**	botinka
Halbschuhe (pl)	**туфли**	tufli
Stiefel (pl)	**өтүк**	øtyk
Hausschuhe (pl)	**тапочка**	tapotʃka
Tennisschuhe (pl)	**кроссовка**	krossovka
Leinenschuhe (pl)	**кеды**	kedı
Sandalen (pl)	**сандалии**	sandalii
Schuster (m)	**өтүкчү**	øtyktʃy
Absatz (m)	**така**	taka

Paar (n)	**түгөй**	tygøj
Schnürsenkel (m)	**боо**	boo
schnüren (vt)	**боолоо**	booloo
Schuhlöffel (m)	**кашык**	kaʃık
Schuhcreme (f)	**өтүк май**	øtyk maj

35. Textilien. Stoffe

Baumwolle (f)	**пахта**	paχta
Baumwolle-	**пахтадан**	paχtadan
Leinen (m)	**зыгыр**	zıgır
Leinen-	**зыгырдан**	zıgırdan
Seide (f)	**жибек**	ʤibek
Seiden-	**жибек**	ʤibek
Wolle (f)	**жүн**	ʤyn
Woll-	**жүндөн**	ʤyndøn
Samt (m)	**баркыт**	barkıt
Wildleder (n)	**күдөрү**	kydøry
Cord (m)	**чий баркыт**	ʧij barkıt
Nylon (n)	**нейлон**	nejlon
Nylon-	**нейлон**	nejlon
Polyester (m)	**полиэстер**	poliester
Polyester-	**полиэстер**	poliester
Leder (n)	**булгаары**	bulgaarı
Leder-	**булгаары**	bulgaarı
Pelz (m)	**тери**	teri
Pelz-	**тери**	teri

36. Persönliche Accessoires

Handschuhe (pl)	**колкап**	kolkap
Fausthandschuhe (pl)	**мээлей**	meelej
Schal (Kaschmir-)	**моюн орогуч**	mojʉn oroguʧ
Brille (f)	**көз айнек**	køz ajnek
Brillengestell (n)	**алкак**	alkak
Regenschirm (m)	**чатырча**	ʧatırʧa
Spazierstock (m)	**аса таяк**	asa tajak
Haarbürste (f)	**тарак**	tarak
Fächer (m)	**желпингич**	ʤelpingiʧ
Krawatte (f)	**галстук**	galstuk
Fliege (f)	**галстук-бабочка**	galstuk-baboʧka
Hosenträger (pl)	**шым тарткыч**	ʃım tartkıʧ
Taschentuch (n)	**бетаарчы**	betaarʧı
Kamm (m)	**тарак**	tarak
Haarspange (f)	**чачсайгы**	ʧaʧsajgı

Haarnadel (f)	**шпилька**	ʃpilʲka
Schnalle (f)	**таралга**	taralga
Gürtel (m)	**кайыш кур**	kajıʃ kur
Umhängegurt (m)	**илгич**	ilgiʧ
Tasche (f)	**колбаштык**	kolbaʃtık
Handtasche (f)	**кичине колбаштык**	kiʧine kolbaʃtık
Rucksack (m)	**жонбаштык**	ʤonbaʃtık

37. Kleidung. Verschiedenes

Mode (f)	**мода**	moda
modisch	**саркеч**	sarkeʧ
Modedesigner (m)	**модельер**	modeljer
Kragen (m)	**жака**	ʤaka
Tasche (f)	**чөнтөк**	ʧøntøk
Taschen-	**чөнтөк**	ʧøntøk
Ärmel (m)	**жең**	ʤeŋ
Aufhänger (m)	**илгич**	ilgiʧ
Hosenschlitz (m)	**ширинка**	ʃirinka
Reißverschluss (m)	**молния**	molnija
Verschluss (m)	**топчулук**	topʧuluk
Knopf (m)	**топчу**	topʧu
Knopfloch (n)	**илмек**	ilmek
abgehen (Knopf usw.)	**үзүлүү**	yzylyy
nähen (vi, vt)	**тигүү**	tigyy
sticken (vt)	**сайма саюу**	sajma sajʉu
Stickerei (f)	**сайма**	sajma
Nadel (f)	**ийне**	ijne
Faden (m)	**жип**	ʤip
Naht (f)	**тигиш**	tigiʃ
sich beschmutzen	**булгап алуу**	bulgap aluu
Fleck (m)	**так**	tak
sich knittern	**бырышып калуу**	bırıʃıp kaluu
zerreißen (vt)	**айрылуу**	ajrıluu
Motte (f)	**күбө**	kybø

38. Kosmetikartikel. Kosmetik

Zahnpasta (f)	**тиш пастасы**	tiʃ pastası
Zahnbürste (f)	**тиш щёткасы**	tiʃ ʃʧʲotkası
Zähne putzen	**тиш жуу**	tiʃ ʤuu
Rasierer (m)	**устара**	ustara
Rasiercreme (f)	**кырынуу үчүн көбүк**	kırınuu yʧyn købyk
sich rasieren	**кырынуу**	kırınuu
Seife (f)	**самын**	samın

Shampoo (n)	**шампунь**	ʃampunʲ
Schere (f)	**кайчы**	kajʧı
Nagelfeile (f)	**тырмак өгөө**	tırmak øgøø
Nagelzange (f)	**тырмак кычкачы**	tırmak kıʧkaʧı
Pinzette (f)	**искек**	iskek
Kosmetik (f)	**упа-эндик**	upa-endik
Gesichtsmaske (f)	**маска**	maska
Maniküre (f)	**маникюр**	manikʉr
Maniküre machen	**маникюр жасоо**	manikʤʉr ʤasoo
Pediküre (f)	**педикюр**	pedikʉr
Kosmetiktasche (f)	**косметичка**	kosmetiʧka
Puder (m)	**упа**	upa
Puderdose (f)	**упа кутусу**	upa kutusu
Rouge (n)	**эндик**	endik
Parfüm (n)	**атыр**	atır
Duftwasser (n)	**туалет атыр суусу**	tualet atır suusu
Lotion (f)	**лосьон**	losʲon
Kölnischwasser (n)	**одеколон**	odekolon
Lidschatten (m)	**көз боёгу**	køz bojogu
Kajalstift (m)	**көз карандашы**	køz karandaʃı
Wimperntusche (f)	**кирпик үчүн боек**	kirpik yʧyn boek
Lippenstift (m)	**эрин помадасы**	erin pomadası
Nagellack (m)	**тырмак үчүн лак**	tırmak yʧyn lak
Haarlack (m)	**чач үчүн лак**	ʧaʧ yʧyn lak
Deodorant (n)	**дезодорант**	dezodorant
Creme (f)	**крем**	krem
Gesichtscreme (f)	**бетмай**	betmaj
Handcreme (f)	**кол үчүн май**	kol yʧyn maj
Anti-Falten-Creme (f)	**бырыштарга каршы бет май**	bırıʃtarga karʃı bet maj
Tagescreme (f)	**күндүзгү бет май**	kyndyzgy bet maj
Nachtcreme (f)	**түнкү бет май**	tynky bet maj
Tages-	**күндүзгү**	kyndyzgy
Nacht-	**түнкү**	tynky
Tampon (m)	**тампон**	tampon
Toilettenpapier (n)	**даарат кагазы**	daarat kagazı
Föhn (m)	**фен**	fen

39. Schmuck

Schmuck (m)	**зер буюмдар**	zer bujʉmdar
Edel- (stein)	**баалуу**	baaluu
Repunze (f)	**проба**	proba
Ring (m)	**шакек**	ʃakek
Ehering (m)	**нике шакеги**	nike ʃakegi
Armband (n)	**билерик**	bilerik

Ohrringe (pl)	**сөйкө**	søjkø
Kette (f)	**шуру**	ʃuru
Krone (f)	**таажы**	taaʤı
Halskette (f)	**мончок**	monʧok
Brillant (m)	**бриллиант**	brilliant
Smaragd (m)	**зымырыт**	zımırıt
Rubin (m)	**лаал**	laal
Saphir (m)	**сапфир**	sapfir
Perle (f)	**бермет**	bermet
Bernstein (m)	**янтарь**	jantarʲ

40. Armbanduhren Uhren

Armbanduhr (f)	**кол саат**	kol saat
Zifferblatt (n)	**циферблат**	ʦıferblat
Zeiger (m)	**жебе**	ʤebe
Metallarmband (n)	**браслет**	braslet
Uhrenarmband (n)	**кайыш кур**	kajıʃ kur
Batterie (f)	**батарейка**	batarejka
verbraucht sein	**зарядканын түгөнүүсү**	zarʲadkanın tygønyysy
die Batterie wechseln	**батарейка алмаштыруу**	batarejka almaʃtıruu
vorgehen (vi)	**алдыга кетүү**	aldıga ketyy
nachgehen (vi)	**калуу**	kaluu
Wanduhr (f)	**дубалга тагуучу саат**	dubalga taguuʧu saat
Sanduhr (f)	**кум саат**	kum saat
Sonnenuhr (f)	**күн саат**	kyn saat
Wecker (m)	**ойготкуч саат**	ojgotkuʧ saat
Uhrmacher (m)	**саат устасы**	saat ustası
reparieren (vt)	**оңдоо**	oŋdoo

Essen. Ernährung

41. Essen

Fleisch (n)	**эт**	et
Hühnerfleisch (n)	**тоок**	took
Küken (n)	**балапан**	balapan
Ente (f)	**өрдөк**	ørdøk
Gans (f)	**каз**	kaz
Wild (n)	**илбээсин**	ilbeesin
Pute (f)	**күрп**	kyrp
Schweinefleisch (n)	**чочко эти**	ʧoʧko eti
Kalbfleisch (n)	**торпок эти**	torpok eti
Hammelfleisch (n)	**кой эти**	koj eti
Rindfleisch (n)	**уй эти**	uj eti
Kaninchenfleisch (n)	**коен**	koen
Wurst (f)	**колбаса**	kolbasa
Würstchen (n)	**сосиска**	sosiska
Schinkenspeck (m)	**бекон**	bekon
Schinken (m)	**ветчина**	vetʧina
Räucherschinken (m)	**сан эт**	san et
Pastete (f)	**паштет**	paʃtet
Leber (f)	**боор**	boor
Hackfleisch (n)	**фарш**	farʃ
Zunge (f)	**тил**	til
Ei (n)	**жумуртка**	ʤumurtka
Eier (pl)	**жумурткалар**	ʤumurtkalar
Eiweiß (n)	**жумуртканын агы**	ʤumurtkanın agı
Eigelb (n)	**жумуртканын сарысы**	ʤumurtkanın sarısı
Fisch (m)	**балык**	balık
Meeresfrüchte (pl)	**деңиз азыктары**	deŋiz azıktarı
Krebstiere (pl)	**рак сыяктуулар**	rak sıjaktuular
Kaviar (m)	**урук**	uruk
Krabbe (f)	**краб**	krab
Garnele (f)	**креветка**	krevetka
Auster (f)	**устрица**	ustritsa
Languste (f)	**лангуст**	langust
Krake (m)	**сегиз бут**	segiz but
Kalmar (m)	**кальмар**	kalʲmar
Störfleisch (n)	**осетрина**	osetrina
Lachs (m)	**лосось**	lososʲ
Heilbutt (m)	**палтус**	paltus
Dorsch (m)	**треска**	treska

Makrele (f)	**скумбрия**	skumbrija
Tunfisch (m)	**тунец**	tunets
Aal (m)	**угорь**	ugorʲ
Forelle (f)	**форель**	forelʲ
Sardine (f)	**сардина**	sardina
Hecht (m)	**чортон**	ʧorton
Hering (m)	**сельдь**	selʲdʲ
Brot (n)	**нан**	nan
Käse (m)	**сыр**	sır
Zucker (m)	**кум шекер**	kum-ʃeker
Salz (n)	**туз**	tuz
Reis (m)	**күрүч**	kyryʧ
Teigwaren (pl)	**макарон**	makaron
Nudeln (pl)	**кесме**	kesme
Butter (f)	**ак май**	ak maj
Pflanzenöl (n)	**өсүмдүк майы**	øsymdyk majı
Sonnenblumenöl (n)	**күн карама майы**	kyn karama majı
Margarine (f)	**маргарин**	margarin
Oliven (pl)	**зайтун**	zajtun
Olivenöl (n)	**зайтун майы**	zajtun majı
Milch (f)	**сүт**	syt
Kondensmilch (f)	**коютулган сүт**	kojʉtulgan syt
Joghurt (m)	**йогурт**	jogurt
saure Sahne (f)	**сметана**	smetana
Sahne (f)	**каймак**	kajmak
Mayonnaise (f)	**майонез**	majonez
Buttercreme (f)	**крем**	krem
Grütze (f)	**акшак**	akʃak
Mehl (n)	**ун**	un
Konserven (pl)	**консерва**	konserva
Maisflocken (pl)	**жарылган жүгөрү**	ʤarılgan ʤygøry
Honig (m)	**бал**	bal
Marmelade (f)	**джем, конфитюр**	ʤem, konfitʉr
Kaugummi (m, n)	**сагыз**	sagız

42. Getränke

Wasser (n)	**суу**	suu
Trinkwasser (n)	**ичүүчү суу**	iʧyyʧy suu
Mineralwasser (n)	**минерал суусу**	mineral suusu
still	**газсыз**	gazsız
mit Kohlensäure	**газдалган**	gazdalgan
mit Gas	**газы менен**	gazı menen
Eis (n)	**муз**	muz

mit Eis	**музу менен**	muzu menen
alkoholfrei (Adj)	**алкоголсуз**	alkogolsuz
alkoholfreies Getränk (n)	**алкоголсуз ичимдик**	alkogolsuz itʃimdik
Erfrischungsgetränk (n)	**суусундук**	suusunduk
Limonade (f)	**лимонад**	limonad
Spirituosen (pl)	**спирт ичимдиктери**	spirt itʃimdikteri
Wein (m)	**шарап**	ʃarap
Weißwein (m)	**ак шарап**	ak ʃarap
Rotwein (m)	**кызыл шарап**	kızıl ʃarap
Likör (m)	**ликёр**	likʲor
Champagner (m)	**шампан**	ʃampan
Wermut (m)	**вермут**	vermut
Whisky (m)	**виски**	viski
Wodka (m)	**арак**	arak
Gin (m)	**джин**	ʤin
Kognak (m)	**коньяк**	konjak
Rum (m)	**ром**	rom
Kaffee (m)	**кофе**	kofe
schwarzer Kaffee (m)	**кара кофе**	kara kofe
Milchkaffee (m)	**сүттөлгөн кофе**	syttølgøn kofe
Cappuccino (m)	**капучино**	kaputʃino
Pulverkaffee (m)	**эрүүчү кофе**	eryytʃy kofe
Milch (f)	**сүт**	syt
Cocktail (m)	**коктейль**	koktejlʲ
Milchcocktail (m)	**сүт коктейли**	syt koktejli
Saft (m)	**шире**	ʃire
Tomatensaft (m)	**томат ширеси**	tomat ʃiresi
Orangensaft (m)	**апельсин ширеси**	apelʲsin ʃiresi
frisch gepresster Saft (m)	**түз сыгылып алынган шире**	tyz sıgılıp alıngan ʃire
Bier (n)	**сыра**	sıra
Helles (n)	**ачык сыра**	atʃık sıra
Dunkelbier (n)	**коңур сыра**	koŋur sıra
Tee (m)	**чай**	tʃaj
schwarzer Tee (m)	**кара чай**	kara tʃaj
grüner Tee (m)	**жашыл чай**	ʤaʃıl tʃaj

43. Gemüse

Gemüse (n)	**жашылча**	ʤaʃıltʃa
grünes Gemüse (pl)	**көк чөп**	køk tʃøp
Tomate (f)	**помидор**	pomidor
Gurke (f)	**бадыраң**	badıraŋ
Karotte (f)	**сабиз**	sabiz
Kartoffel (f)	**картошка**	kartoʃka

Zwiebel (f)	**пияз**	pijaz
Knoblauch (m)	**сарымсак**	sarımsak
Kohl (m)	**капуста**	kapusta
Blumenkohl (m)	**гүлдүү капуста**	gyldyy kapusta
Rosenkohl (m)	**брюссель капустасы**	brussel' kapustası
Brokkoli (m)	**брокколи капустасы**	brokkoli kapustası
Rote Bete (f)	**кызылча**	kızıltʃa
Aubergine (f)	**баклажан**	bakladʒan
Zucchini (f)	**кабачок**	kabatʃok
Kürbis (m)	**ашкабак**	aʃkabak
Rübe (f)	**шалгам**	ʃalgam
Petersilie (f)	**петрушка**	petruʃka
Dill (m)	**укроп**	ukrop
Kopf Salat (m)	**салат**	salat
Sellerie (m)	**сельдерей**	sel'derej
Spargel (m)	**спаржа**	spardʒa
Spinat (m)	**шпинат**	ʃpinat
Erbse (f)	**нокот**	nokot
Bohnen (pl)	**буурчак**	buurtʃak
Mais (m)	**жүгөрү**	dʒygøry
weiße Bohne (f)	**төө буурчак**	tøø buurtʃak
Paprika (m)	**таттуу перец**	tattuu perets
Radieschen (n)	**шалгам**	ʃalgam
Artischocke (f)	**артишок**	artiʃok

44. Obst. Nüsse

Frucht (f)	**мөмө**	mømø
Apfel (m)	**алма**	alma
Birne (f)	**алмурут**	almurut
Zitrone (f)	**лимон**	limon
Apfelsine (f)	**апельсин**	apel'sin
Erdbeere (f)	**кулпунай**	kulpunaj
Mandarine (f)	**мандарин**	mandarin
Pflaume (f)	**кара өрүк**	kara øryk
Pfirsich (m)	**шабдаалы**	ʃabdaalı
Aprikose (f)	**өрүк**	øryk
Himbeere (f)	**дан куурай**	dan kuuraj
Ananas (f)	**ананас**	ananas
Banane (f)	**банан**	banan
Wassermelone (f)	**арбуз**	arbuz
Weintrauben (pl)	**жүзүм**	dʒyzym
Sauerkirsche (f)	**алча**	altʃa
Süßkirsche (f)	**гилас**	gilas
Melone (f)	**коон**	koon
Grapefruit (f)	**грейпфрут**	grejpfrut
Avocado (f)	**авокадо**	avokado

Papaya (f)	**папайя**	papaja
Mango (f)	**манго**	mango
Granatapfel (m)	**анар**	anar
rote Johannisbeere (f)	**кызыл карагат**	kızıl karagat
schwarze Johannisbeere (f)	**кара карагат**	kara karagat
Stachelbeere (f)	**крыжовник**	krıʤovnik
Heidelbeere (f)	**кара моюл**	kara mojʉl
Brombeere (f)	**кара бүлдүркөн**	kara byldyrkøn
Rosinen (pl)	**мейиз**	mejiz
Feige (f)	**анжир**	anʤir
Dattel (f)	**курма**	kurma
Erdnuss (f)	**арахис**	araχis
Mandel (f)	**бадам**	badam
Walnuss (f)	**жаңгак**	ʤaŋgak
Haselnuss (f)	**токой жаңгагы**	tokoj ʤaŋgagı
Kokosnuss (f)	**кокос жаңгагы**	kokos ʤaŋgagı
Pistazien (pl)	**мисте**	miste

45. Brot. Süßigkeiten

Konditorwaren (pl)	**кондитер азыктары**	konditer azıktarı
Brot (n)	**нан**	nan
Keks (m, n)	**печенье**	peʧenje
Schokolade (f)	**шоколад**	ʃokolad
Schokoladen-	**шоколаддан**	ʃokoladdan
Bonbon (m, n)	**конфета**	konfeta
Kuchen (m)	**пирожное**	piroʤnoe
Torte (f)	**торт**	tort
Kuchen (Apfel-)	**пирог**	pirog
Füllung (f)	**начинка**	naʧinka
Konfitüre (f)	**кыям**	kıjam
Marmelade (f)	**мармелад**	marmelad
Waffeln (pl)	**вафли**	vafli
Eis (n)	**бал муздак**	bal muzdak
Pudding (m)	**пудинг**	puding

46. Gerichte

Gericht (n)	**тамак**	tamak
Küche (f)	**даам**	daam
Rezept (n)	**тамак жасоо ыкмасы**	tamak ʤasoo ıkması
Portion (f)	**порция**	porʦija
Salat (m)	**салат**	salat
Suppe (f)	**сорпо**	sorpo
Brühe (f), Bouillon (f)	**ынак сорпо**	ınak sorpo

belegtes Brot (n)	**бутерброд**	buterbrod
Spiegelei (n)	**куурулган жумуртка**	kuurulgan ʤumurtka
Hamburger (m)	**гамбургер**	gamburger
Beefsteak (n)	**бифштекс**	biffteks
Beilage (f)	**гарнир**	garnir
Spaghetti (pl)	**спагетти**	spagetti
Kartoffelpüree (n)	**эзилген картошка**	ezilgen kartoʃka
Pizza (f)	**пицца**	pitsa
Brei (m)	**ботко**	botko
Omelett (n)	**омлет**	omlet
gekocht	**суугa бышырылган**	suuga bıʃırılgan
geräuchert	**ышталган**	ıʃtalgan
gebraten	**куурулган**	kuurulgan
getrocknet	**кургатылган**	kurgatılgan
tiefgekühlt	**тоңдурулган**	toŋdurulgan
mariniert	**маринаддагы**	marinaddagı
süß	**таттуу**	tattuu
salzig	**туздуу**	tuzduu
kalt	**муздак**	muzdak
heiß	**ысык**	ısık
bitter	**ачуу**	aʧuu
lecker	**даамдуу**	daamduu
kochen (vt)	**кайнатуу**	kajnatuu
zubereiten (vt)	**тамак бышыруу**	tamak bıʃıruu
braten (vt)	**кууруу**	kuuruu
aufwärmen (vt)	**жылытуу**	ʤılıtuu
salzen (vt)	**туздоо**	tuzdoo
pfeffern (vt)	**калемпир кошуу**	kalempir koʃuu
reiben (vt)	**сүргүлөө**	syrgyløø
Schale (f)	**сырты**	sırtı
schälen (vt)	**тазалоо**	tazaloo

47. Gewürze

Salz (n)	**туз**	tuz
salzig (Adj)	**туздуу**	tuzduu
salzen (vt)	**туздоо**	tuzdoo
schwarzer Pfeffer (m)	**кара мурч**	kara murʧ
roter Pfeffer (m)	**кызыл калемпир**	kızıl kalempir
Senf (m)	**горчица**	gorʧitsa
Meerrettich (m)	**хрен**	χren
Gewürz (n)	**татымал**	tatımal
Gewürz (n)	**татымал**	tatımal
Soße (f)	**соус**	sous
Essig (m)	**уксус**	uksus
Anis (m)	**анис**	anis

Basilikum (n)	**райхон**	rajχon
Nelke (f)	**гвоздика**	gvozdika
Ingwer (m)	**имбирь**	imbir'
Koriander (m)	**кориандр**	koriandr
Zimt (m)	**корица**	koritsa
Sesam (m)	**кунжут**	kundʒut
Lorbeerblatt (n)	**лавр жалбырагы**	lavr dʒalbıragı
Paprika (m)	**паприка**	paprika
Kümmel (m)	**зира**	zira
Safran (m)	**заапаран**	zaaparan

48. Mahlzeiten

Essen (n)	**тамак**	tamak
essen (vi, vt)	**тамактануу**	tamaktanuu
Frühstück (n)	**таңкы тамак**	taŋkı tamak
frühstücken (vi)	**эртең менен тамактануу**	erteŋ menen tamaktanuu
Mittagessen (n)	**түшкү тамак**	tyʃky tamak
zu Mittag essen	**түштөнүү**	tyʃtønyy
Abendessen (n)	**кечки тамак**	ketʃki tamak
zu Abend essen	**кечки тамакты ичүү**	ketʃki tamaktı itʃyy
Appetit (m)	**табит**	tabit
Guten Appetit!	**Тамагыңыз таттуу болсун!**	tamagıŋız tattuu bolsun!
öffnen (vt)	**ачуу**	atʃuu
verschütten (vt)	**төгүп алуу**	tøgyp aluu
verschüttet werden	**төгүлүү**	tøgylyy
kochen (vi)	**кайноо**	kajnoo
kochen (Wasser ~)	**кайнатуу**	kajnatuu
gekocht (Adj)	**кайнатылган**	kajnatılgan
kühlen (vt)	**суутуу**	suutuu
abkühlen (vi)	**сууп туруу**	suup turuu
Geschmack (m)	**даам**	daam
Beigeschmack (m)	**даамдануу**	daamdanuu
auf Diät sein	**арыктоо**	arıktoo
Diät (f)	**мүнөз тамак**	mynøz tamak
Vitamin (n)	**витамин**	vitamin
Kalorie (f)	**калория**	kalorija
Vegetarier (m)	**эттен чанган**	etten tʃangan
vegetarisch (Adj)	**этсиз даярдалган**	etsiz dajardalgan
Fett (n)	**майлар**	majlar
Protein (n)	**белоктор**	beloktor
Kohlenhydrat (n)	**көмүрсуулар**	kømyrsuular
Scheibchen (n)	**кесим**	kesim
Stück (ein ~ Kuchen)	**бөлүк**	bølyk
Krümel (m)	**күкүм**	kykym

49. Gedeck

Löffel (m)	**кашык**	kaʃık
Messer (n)	**бычак**	bıʧak
Gabel (f)	**вилка**	vilka
Tasse (eine ~ Tee)	**чөйчөк**	ʧøjʧøk
Teller (m)	**табак**	tabak
Untertasse (f)	**табак**	tabak
Serviette (f)	**майлык**	majlık
Zahnstocher (m)	**тиш чукугуч**	tiʃ ʧukuguʧ

50. Restaurant

Restaurant (n)	**ресторан**	restoran
Kaffeehaus (n)	**кофекана**	kofekana
Bar (f)	**бар**	bar
Teesalon (m)	**чай салону**	ʧaj salonu
Kellner (m)	**официант**	ofitsiant
Kellnerin (f)	**официант кыз**	ofitsiant kız
Barmixer (m)	**бармен**	barmen
Speisekarte (f)	**меню**	menʉ
Weinkarte (f)	**шарап картасы**	ʃarap kartası
einen Tisch reservieren	**столду камдык буйрутмалоо**	stoldu kamdık bujrutmaloo
Gericht (n)	**тамак**	tamak
bestellen (vt)	**буйрутма кылуу**	bujrutma kıluu
eine Bestellung aufgeben	**буйрутма берүү**	bujrutma beryy
Aperitif (m)	**аперитив**	aperitiv
Vorspeise (f)	**ысылык**	ısılık
Nachtisch (m)	**десерт**	desert
Rechnung (f)	**эсеп**	esep
Rechnung bezahlen	**эсеп төлөө**	esep tøløø
das Wechselgeld geben	**майда акчаны кайтаруу**	majda akʧanı kajtaruu
Trinkgeld (n)	**чайпул**	ʧajpul

Familie, Verwandte und Freunde

51. Persönliche Informationen. Formulare

Vorname (m)	**аты**	atı
Name (m)	**фамилиясы**	familijası
Geburtsdatum (n)	**төрөлгөн күнү**	tørølgøn kyny
Geburtsort (m)	**туулган жери**	tuulgan ʤeri
Nationalität (f)	**улуту**	ulutu
Wohnort (m)	**жашаган жери**	ʤaʃagan ʤeri
Land (n)	**өлкө**	ølkø
Beruf (m)	**кесиби**	kesibi
Geschlecht (n)	**жынысы**	ʤınısı
Größe (f)	**бою**	bojʉ
Gewicht (n)	**салмак**	salmak

52. Familienmitglieder. Verwandte

Mutter (f)	**эне**	ene
Vater (m)	**ата**	ata
Sohn (m)	**уул**	uul
Tochter (f)	**кыз**	kız
jüngste Tochter (f)	**кичүү кыз**	kiʧyy kız
jüngste Sohn (m)	**кичүү уул**	kiʧyy uul
ältere Tochter (f)	**улуу кыз**	uluu kız
älterer Sohn (m)	**улуу уул**	uluu uul
Bruder (m)	**бир тууган**	bir tuugan
älterer Bruder (m)	**байке**	bajke
jüngerer Bruder (m)	**ини**	ini
Schwester (f)	**бир тууган**	bir tuugan
ältere Schwester (f)	**эже**	eʤe
jüngere Schwester (f)	**сиңди**	siŋdi
Cousin (m)	**атасы же энеси бир тууган**	atası ʤe enesi bir tuugan
Cousine (f)	**атасы же энеси бир тууган**	atası ʤe enesi bir tuugan
Mama (f)	**апа**	apa
Papa (m)	**ата**	ata
Eltern (pl)	**ата-эне**	ata-ene
Kind (n)	**бала**	bala
Kinder (pl)	**балдар**	baldar
Großmutter (f)	**чоң апа**	ʧoŋ apa

Großvater (m)	**чоң ата**	ʧoŋ ata
Enkel (m)	**небере бала**	nebere bala
Enkelin (f)	**небере кыз**	nebere kız
Enkelkinder (pl)	**неберелер**	nebereler
Onkel (m)	**таяке**	tajake
Tante (f)	**таяже**	tajaʤe
Neffe (m)	**ини**	ini
Nichte (f)	**жээн**	ʤeen
Schwiegermutter (f)	**кайын эне**	kajın ene
Schwiegervater (m)	**кайын ата**	kajın ata
Schwiegersohn (m)	**күйөө бала**	kyjøø bala
Stiefmutter (f)	**өгөй эне**	øgøj ene
Stiefvater (m)	**өгөй ата**	øgøj ata
Säugling (m)	**эмчектеги бала**	emʧektegi bala
Kleinkind (n)	**ымыркай**	ımırkaj
Kleine (m)	**бөбөк**	bøbøk
Frau (f)	**аял**	ajal
Mann (m)	**эр**	er
Ehemann (m)	**күйөө**	kyjøø
Gemahlin (f)	**зайып**	zajıp
verheiratet (Ehemann)	**аялы бар**	ajalı bar
verheiratet (Ehefrau)	**күйөөдө**	kyjøødø
ledig	**бойдок**	bojdok
Junggeselle (m)	**бойдок**	bojdok
geschieden (Adj)	**ажырашкан**	aʤıraʃkan
Witwe (f)	**жесир**	ʤesir
Witwer (m)	**жесир**	ʤesir
Verwandte (m)	**тууган**	tuugan
naher Verwandter (m)	**жакын тууган**	ʤakın tuugan
entfernter Verwandter (m)	**алыс тууган**	alıs tuugan
Verwandte (pl)	**бир тууган**	bir tuugan
Waise (m, f)	**жетим**	ʤetim
Vormund (m)	**камкорчу**	kamkorʧu
adoptieren (einen Jungen)	**уул кылып асырап алуу**	uul kılıp asırap aluu
adoptieren (ein Mädchen)	**кыз кылып асырап алуу**	kız kılıp asırap aluu

53. Freunde. Arbeitskollegen

Freund (m)	**дос**	dos
Freundin (f)	**курбу**	kurbu
Freundschaft (f)	**достук**	dostuk
befreundet sein	**достошуу**	dostoʃuu
Freund (m)	**шерик**	ʃerik
Freundin (f)	**шерик кыз**	ʃerik kız
Partner (m)	**өнөктөш**	ønøktøʃ
Chef (m)	**башчы**	baʃʧı

Vorgesetzte (m)	**башчы**	baʃʧı
Besitzer (m)	**кожоюн**	koʤoʤʉn
Untergeordnete (m)	**кол астындагы**	kol astındagı
Kollege (m), Kollegin (f)	**кесиптеш**	kesipteʃ
Bekannte (m)	**тааныш**	taanıʃ
Reisegefährte (m)	**жолдош**	ʤoldoʃ
Mitschüler (m)	**классташ**	klasstaʃ
Nachbar (m)	**кошуна**	koʃuna
Nachbarin (f)	**кошуна**	koʃuna
Nachbarn (pl)	**кошуналар**	koʃunalar

54. Mann. Frau

Frau (f)	**аял**	ajal
Mädchen (n)	**кыз**	kız
Braut (f)	**колукту**	koluktu
schöne	**сулуу**	suluu
große	**бою узун**	bojʉ uzun
schlanke	**сымбаттуу**	sımbattuu
kleine (~ Frau)	**орто бойлуу**	orto bojluu
Blondine (f)	**ак саргыл чачтуу**	ak sargıl ʧaʧtuu
Brünette (f)	**кара чачтуу**	kara ʧaʧtuu
Damen-	**аялдардын**	ajaldardın
Jungfrau (f)	**эркек көрө элек кыз**	erkek kørø elek kız
schwangere	**кош бойлуу**	koʃ bojluu
Mann (m)	**эркек**	erkek
Blonde (m)	**ак саргыл чачтуу**	ak sargıl ʧaʧtuu
Brünette (m)	**кара чачтуу**	kara ʧaʧtuu
hoch	**бийик бойлуу**	bijik bojluu
klein	**орто бойлуу**	orto bojluu
grob	**орой**	oroj
untersetzt	**жапалдаш бой**	ʤapaldaʃ boj
robust	**чымыр**	ʧımır
stark	**күчтүү**	kyʧtyy
Kraft (f)	**күч**	kyʧ
dick	**толук**	toluk
dunkelhäutig	**кара тору**	kara toru
schlank	**сымбаттуу**	sımbattuu
elegant	**жарашып кийинген**	ʤaraʃıp kijingen

55. Alter

Alter (n)	**жаш**	ʤaʃ
Jugend (f)	**жаштык**	ʤaʃtık

jung	**жаш**	ʤaʃ
jünger (~ als Sie)	**кичүү**	kiʧyy
älter (~ als ich)	**улуу**	uluu
Junge (m)	**улан**	ulan
Teenager (m)	**өспүрүм**	øspyrym
Bursche (m)	**жигит**	ʤigit
Greis (m)	**абышка**	abıʃka
alte Frau (f)	**кемпир**	kempir
Erwachsene (m)	**чоң киши**	ʧoŋ kiʃi
in mittleren Jahren	**орто жаш**	orto ʤaʃ
älterer (Adj)	**жашап калган**	ʤaʃap kalgan
alt (Adj)	**картаң**	kartaŋ
Ruhestand (m)	**баараки**	baarakı
in Rente gehen	**ардактуу эс алууга чыгуу**	ardaktuu es aluuga ʧıguu
Rentner (m)	**баргер**	baarger

56. Kinder

Kind (n)	**бала**	bala
Kinder (pl)	**балдар**	baldar
Zwillinge (pl)	**эгиздер**	egizder
Wiege (f)	**бешик**	beʃik
Rassel (f)	**шырылдак**	ʃırıldak
Windel (f)	**жалаяк**	ʤalajak
Schnuller (m)	**упчу**	upʧu
Kinderwagen (m)	**бешик араба**	beʃik araba
Kindergarten (m)	**бала бакча**	bala bakʧa
Kinderfrau (f)	**бала баккыч**	bala bakkıʧ
Kindheit (f)	**балалык**	balalık
Puppe (f)	**куурчак**	kuurʧak
Spielzeug (n)	**оюнчук**	ojunʧuk
Baukasten (m)	**конструктор**	konstruktor
wohlerzogen	**тарбия көргөн**	tarbija kørgøn
ungezogen	**жетесиз**	ʤetesiz
verwöhnt	**эрке**	erke
unartig sein	**тентектик кылуу**	tentektik kıluu
unartig	**тентек**	tentek
Unart (f)	**шоктук, тентектик**	ʃoktuk, tentektik
Schelm (m)	**тентек**	tentek
gehorsam	**элпек**	elpek
ungehorsam	**тил албас**	til albas
fügsam	**зээндүү**	zeendyy
klug	**акылдуу**	akılduu
Wunderkind (n)	**вундеркинд**	vunderkind

57. Ehepaare. Familienleben

küssen (vt)	**өбүү**	øbyy
sich küssen	**өбүшүү**	øbyʃyy
Familie (f)	**үй-бүлө**	yj-bylø
Familien-	**үй-бүлөлүү**	yj-byløIyy
Paar (n)	**эрди-катын**	erdi-katın
Ehe (f)	**нике**	nike
Heim (n)	**үй очогу**	yj otʃogu
Dynastie (f)	**династия**	dinastija
Rendezvous (n)	**жолугушуу**	dʒoluguʃuu
Kuss (m)	**өбүү**	øbyy
Liebe (f)	**сүйүү**	syjyy
lieben (vt)	**сүйүү**	syjyy
geliebt	**жакшы көргөн**	dʒakʃı kørgøn
Zärtlichkeit (f)	**назиктик**	naziktik
zärtlich	**назик**	nazik
Treue (f)	**берилгендик**	berilgendik
treu (Adj)	**ишенимдүү**	iʃenimdyy
Fürsorge (f)	**кам көрүү**	kam køryy
sorgsam	**камкор**	kamkor
Frischvermählte (pl)	**жаңы үйлөнүшкөндөр**	dʒaŋı yjlønyʃkøndør
Flitterwochen (pl)	**таттуулашуу**	tattuulaʃuu
heiraten (einen Mann ~)	**күйөөгө чыгуу**	kyjøøgø tʃıguu
heiraten (ein Frau ~)	**аял алуу**	ajal aluu
Hochzeit (f)	**үйлөнүү той**	yjlønyy toy
goldene Hochzeit (f)	**алтын үлпөт той**	altın ylpøt toj
Jahrestag (m)	**жылдык**	dʒıldık
Geliebte (m)	**ойнош**	ojnoʃ
Geliebte (f)	**ойнош**	ojnoʃ
Ehebruch (m)	**көзгө чөп салуу**	køzgø tʃøp saluu
Ehebruch begehen	**көзгө чөп салуу**	køzgø tʃøp saluu
eifersüchtig	**кызгануу**	kızganuu
eifersüchtig sein	**кызгануу**	kızganuu
Scheidung (f)	**ажырашуу**	adʒıraʃuu
sich scheiden lassen	**ажырашуу**	adʒıraʃuu
streiten (vi)	**урушуу**	uruʃuu
sich versöhnen	**жарашуу**	dʒaraʃuu
zusammen (Adv)	**бирге**	birge
Sex (m)	**жыныстык катнаш**	dʒınıstık katnaʃ
Glück (n)	**бакыт**	bakıt
glücklich	**бактылуу**	baktıluu
Unglück (n)	**кырсык**	kırsık
unglücklich	**бактысыз**	baktısız

Charakter. Empfindungen. Gefühle

58. Empfindungen. Gefühle

Gefühl (n)	**сезим**	sezim
Gefühle (pl)	**сезим**	sezim
fühlen (vt)	**сезүү**	sezyy
Hunger (m)	**ачка болуу**	atʃka boluu
hungrig sein	**ачка болуу**	atʃka boluu
Durst (m)	**чаңкоо**	tʃaŋkoo
Durst haben	**суусап калуу**	suusap kaluu
Schläfrigkeit (f)	**уйкусу келүү**	ujkusu kelyy
schlafen wollen	**уйкусу келүү**	ujkusu kelyy
Müdigkeit (f)	**чарчоо**	tʃartʃoo
müde	**чарчаңкы**	tʃartʃaŋkı
müde werden	**чарчоо**	tʃartʃoo
Laune (f)	**көңүл**	køŋyl
Langeweile (f)	**зеригүү**	zerigyy
sich langweilen	**зеригүү**	zerigyy
Zurückgezogenheit (n)	**элден качуу**	elden katʃuu
sich zurückziehen	**элден качуу**	elden katʃuu
beunruhigen (vt)	**көңүлүн бөлүү**	køŋylyn bølyy
sorgen (vi)	**сарсанаа болуу**	sarsanaa boluu
Besorgnis (f)	**кабатырлануу**	kabatırlanuu
Angst (~ um ...)	**чочулоо**	tʃotʃuloo
besorgt (Adj)	**бушайман**	buʃajman
nervös sein	**тынчы кетүү**	tıntʃı ketyy
in Panik verfallen (vi)	**дүрбөлөңгө түшүү**	dyrbøløŋgø tyʃyy
Hoffnung (f)	**үмүт**	ymyt
hoffen (vi)	**үмүттөнүү**	ymyttønyy
Sicherheit (f)	**ишенимдүүлүк**	iʃenimdyylyk
sicher	**ишеничтүү**	iʃenitʃtyy
Unsicherheit (f)	**ишенбегендик**	iʃenbegendik
unsicher	**ишенбеген**	iʃenbegen
betrunken	**мас**	mas
nüchtern	**соо**	soo
schwach	**бошоң**	boʃoŋ
glücklich	**бактылуу**	baktıluu
erschrecken (vt)	**жүрөгүн түшүрүү**	dʒyrøgyn tyʃyryy
Wut (f)	**жинденүү**	dʒindenyy
Rage (f)	**жаалдануу**	dʒaaldanuu
Depression (f)	**көңүлү чөгүү**	køŋyly tʃøgyy
Unbehagen (n)	**ыңгайсыз**	ıŋgajsız

Komfort (m)	**ыңгайлуу**	ıŋgajluu
bedauern (vt)	**өкүнүү**	økynyy
Bedauern (n)	**өкүнүп калуу**	økynyp kaluu
Missgeschick (n)	**жолу болбоо**	ʤolu bolboo
Kummer (m)	**капалануу**	kapalanuu
Scham (f)	**уят**	ujat
Freude (f)	**кубаныч**	kubanıʧ
Begeisterung (f)	**ынта менен**	ınta menen
Enthusiast (m)	**ынтызар**	ıntızar
Begeisterung zeigen	**ынтасын көрсөтүү**	ıntasın kørsøtyy

59. Charakter. Persönlichkeit

Charakter (m)	**мүнөз**	mynøz
Charakterfehler (m)	**кемчилик**	kemʧilik
Verstand (m)	**эс-акыл**	es-akıl
Vernunft (f)	**акыл**	akıl
Gewissen (n)	**абийир**	abijir
Gewohnheit (f)	**адат**	adat
Fähigkeit (f)	**жөндөм**	ʤøndøm
können (v mod)	**билүү**	bilyy
geduldig	**көтөрүмдүү**	køtørymdyy
ungeduldig	**чыдамы жок**	ʧıdamı ʤok
neugierig	**ынтызар**	ıntızar
Neugier (f)	**кызыгуучулук**	kızıguuʧuluk
Bescheidenheit (f)	**жөнөкөйлүк**	ʤønøkøjlyk
bescheiden	**жөнөкөй**	ʤønøkøj
unbescheiden	**чекилик**	ʧekilik
Faulheit (f)	**жалкоолук**	ʤalkooluk
faul	**жалкоо**	ʤalkoo
Faulenzer (m)	**эринчээк**	erinʧeek
Listigkeit (f)	**куулук**	kuuluk
listig	**куу**	kuu
Misstrauen (n)	**ишенбөөчүлүк**	iʃenbøøʧylyk
misstrauisch	**ишенбеген**	iʃenbegen
Freigebigkeit (f)	**берешендик**	bereʃendik
freigebig	**берешен**	bereʃen
talentiert	**зээндүү**	zeendyy
Talent (n)	**талант**	talant
tapfer	**кайраттуу**	kajrattuu
Tapferkeit (f)	**кайрат**	kajrat
ehrlich	**чынчыл**	ʧınʧıl
Ehrlichkeit (f)	**чынчылдык**	ʧınʧıldık
vorsichtig	**сак**	sak
tapfer	**тайманбас**	tajmanbas

ernst	**оор басырыктуу**	oor basırıktuu
streng	**сүрдүү**	syrdyy
entschlossen	**чечкиндүү**	ʧeʧkindyy
unentschlossen	**чечкинсиз**	ʧeʧkinsiz
schüchtern	**тартынчаак**	tartınʧaak
Schüchternheit (f)	**жүрөкзаада**	ʤyrøkzaada
Vertrauen (n)	**ишеним артуу**	iʃenim artuu
vertrauen (vi)	**ишенүү**	iʃenyy
vertrauensvoll	**ишенчээк**	iʃenʧeek
aufrichtig (Adv)	**чын жүрөктөн**	ʧın ʤyrøktøn
aufrichtig (Adj)	**ак ниеттен**	ak nietten
Aufrichtigkeit (f)	**ак ниеттүүлүк**	ak niettyylyk
offen	**ачык**	aʧık
still (Adj)	**жоош**	ʤooʃ
freimütig	**ачык**	aʧık
naiv	**ишенчээк**	iʃenʧeek
zerstreut	**унутчаак**	unutʧaak
drollig, komisch	**кызык**	kızık
Gier (f)	**ач көздүк**	aʧ køzdyk
habgierig	**сараң**	saraŋ
geizig	**сараң**	saraŋ
böse	**каардуу**	kaarduu
hartnäckig	**көк**	køk
unangenehm	**жагымсыз**	ʤagımsız
Egoist (m)	**өзүмчүл**	øzymʧyl
egoistisch	**өзүмчүл**	øzymʧyl
Feigling (m)	**суу жүрөк**	suu ʤyrøk
feige	**суу жүрөк**	suu ʤyrøk

60. Schlaf. Träume

schlafen (vi)	**уктоо**	uktoo
Schlaf (m)	**уйку**	ujku
Traum (m)	**түш**	tyʃ
träumen (im Schlaf)	**түш көрүү**	tyʃ køryy
verschlafen	**уйкусураган**	ujkusuragan
Bett (n)	**керебет**	kerebet
Matratze (f)	**матрас**	matras
Decke (f)	**жууркан**	ʤuurkan
Kissen (n)	**жаздык**	ʤazdık
Laken (n)	**шейшеп**	ʃejʃep
Schlaflosigkeit (f)	**уйкусуздук**	ujkusuzduk
schlaflos	**уйкусуз**	ujkusuz
Schlafmittel (n)	**уйку дарысы**	ujku darısı
Schlafmittel nehmen	**уйку дарысын ичүү**	ujku darısın iʧyy
schlafen wollen	**уйкусу келүү**	ujkusu kelyy

gähnen (vi)	**эстөө**	estøø
schlafen gehen	**уктоого кетүү**	uktoogo ketyy
das Bett machen	**төшөк салуу**	tøʃøk saluu
einschlafen (vi)	**уктап калуу**	uktap kaluu
Alptraum (m)	**коркунучтуу түш**	korkunuʧtuu tyʃ
Schnarchen (n)	**коңурук**	koŋuruk
schnarchen (vi)	**коңурук тартуу**	koŋuruk tartuu
Wecker (m)	**ойготкуч саат**	ojgotkuʧ saat
aufwecken (vt)	**ойготуу**	ojgotuu
erwachen (vi)	**ойгонуу**	ojgonuu
aufstehen (vi)	**төшөктөн туруу**	tøʃøktøn turuu
sich waschen	**бети-колду жуу**	beti-koldu ʤuu

61. Humor. Lachen. Freude

Humor (m)	**күлкү салуу**	kylky saluu
Sinn (m) für Humor	**тамашага чалуу**	tamaʃaga ʧaluu
sich amüsieren	**көңүл ачуу**	køŋyl aʧuu
froh (Adj)	**көңүлдүү**	køŋyldyy
Fröhlichkeit (f)	**көңүлдүүлүк**	køŋyldyylyk
Lächeln (n)	**жылмайыш**	ʤılmajıʃ
lächeln (vi)	**жылмаюу**	ʤılmaʤʉu
auflachen (vi)	**күлүп жиберүү**	kylyp ʤiberyy
lachen (vi)	**күлүү**	kylyy
Lachen (n)	**күлкү**	kylky
Anekdote, Witz (m)	**күлкүлүү окуя**	kylkylyy okuja
lächerlich	**күлкүлүү**	kylkylyy
komisch	**кызык**	kızık
Witz machen	**тамашалоо**	tamaʃaloo
Spaß (m)	**тамаша**	tamaʃa
Freude (f)	**кубаныч**	kubanıʧ
sich freuen	**кубануу**	kubanuu
froh (Adj)	**кубанычтуу**	kubanıʧtuu

62. Diskussion, Unterhaltung. Teil 1

Kommunikation (f)	**баарлашуу**	baarlaʃuu
kommunizieren (vi)	**баарлашуу**	baarlaʃuu
Konversation (f)	**сүйлөшүү**	syjløʃyy
Dialog (m)	**маек**	maek
Diskussion (f)	**талкуу**	talkuu
Streitgespräch (n)	**талаш**	talaʃ
streiten (vi)	**талашуу**	talaʃuu
Gesprächspartner (m)	**аңгемелешкен**	aŋgemeleʃken
Thema (n)	**тема**	tema

Gesichtspunkt (m)	**көз караш**	køz karaʃ
Meinung (f)	**ой-пикир**	oj-pikir
Rede (f)	**сөз**	søz
Besprechung (f)	**талкуу**	talkuu
besprechen (vt)	**талкуулоо**	talkuuloo
Gespräch (n)	**маек**	maek
Gespräche führen	**маектешүү**	maekteʃyy
Treffen (n)	**жолугушуу**	ʤoluguʃuu
sich treffen	**жолугушуу**	ʤoluguʃuu
Sprichwort (n)	**макал-лакап**	makal-lakap
Redensart (f)	**лакап**	lakap
Rätsel (n)	**табышмак**	tabɪʃmak
ein Rätsel aufgeben	**табышмак айтуу**	tabɪʃmak ajtuu
Parole (f)	**сырсөз**	sɪrsøz
Geheimnis (n)	**сыр**	sɪr
Eid (m), Schwur (m)	**ант**	ant
schwören (vi, vt)	**ант берүү**	ant beryy
Versprechen (n)	**убада**	ubada
versprechen (vt)	**убада берүү**	ubada beryy
Rat (m)	**кеңеш**	keŋeʃ
raten (vt)	**кеңеш берүү**	keŋeʃ beryy
einen Rat befolgen	**кеңешин жолдоо**	keŋeʃin ʤoldoo
gehorchen (jemandem ~)	**угуу**	uguu
Neuigkeit (f)	**жаңылык**	ʤaŋɪlɪk
Sensation (f)	**дүң салуу**	dyŋ saluu
Informationen (pl)	**маалымат**	maalɪmat
Schlussfolgerung (f)	**корутунду**	korutundu
Stimme (f)	**үн**	yn
Kompliment (n)	**мактоо**	maktoo
freundlich	**сылык**	sɪlɪk
Wort (n)	**сөз**	søz
Phrase (f)	**сүйлөм**	syjløm
Antwort (f)	**жооп**	ʤoop
Wahrheit (f)	**чындык**	ʧɪndɪk
Lüge (f)	**жалган**	ʤalgan
Gedanke (m)	**ой**	oj
Idee (f)	**ой**	oj
Phantasie (f)	**ойдон чыгаруу**	ojdon ʧɪgaruu

63. Diskussion, Unterhaltung. Teil 2

angesehen (Adj)	**урматтуу**	urmattuu
respektieren (vt)	**сыйлоо**	sɪjloo
Respekt (m)	**урмат**	urmat
Sehr geehrter ...	**Урматтуу ...**	urmattuu ...
bekannt machen	**тааныштыруу**	taanɪʃtɪruu

kennenlernen (vt)	**таанышуу**	taanıʃuu
Absicht (f)	**ниет**	niet
beabsichtigen (vt)	**ниеттенүү**	niettenyy
Wunsch (m)	**каалоо**	kaaloo
wünschen (vt)	**каалоо айтуу**	kaaloo ajtuu
Staunen (n)	**таңгалыч**	taŋgalıʧ
erstaunen (vt)	**таң калтыруу**	taŋ kaltıruu
staunen (vi)	**таң калуу**	taŋ kaluu
geben (vt)	**берүү**	beryy
nehmen (vt)	**алуу**	aluu
herausgeben (vt)	**кайтарып берүү**	kajtarıp beryy
zurückgeben (vt)	**кайра берүү**	kajra beryy
sich entschuldigen	**кечирим суроо**	keʧirim suroo
Entschuldigung (f)	**кечирим**	keʧirim
verzeihen (vt)	**кечирүү**	keʧiryy
sprechen (vi)	**сүйлөшүү**	syjløʃyy
hören (vt), zuhören (vi)	**угуу**	uguu
sich anhören	**кулак салуу**	kulak saluu
verstehen (vt)	**түшүнүү**	tyʃynyy
zeigen (vt)	**көрсөтүү**	kørsøtyy
ansehen (vt)	**... кароо**	... karoo
rufen (vt)	**чакыруу**	ʧakıruu
belästigen (vt)	**тынчын алуу**	tınʧın aluu
stören (vt)	**тынчын алуу**	tınʧın aluu
übergeben (vt)	**узатып коюу**	uzatıp kojʉu
Bitte (f)	**сураныч**	suranıʧ
bitten (vt)	**суроо**	suroo
Verlangen (n)	**талап**	talap
verlangen (vt)	**талап кылуу**	talap kıluu
necken (vt)	**кыжырына тийүү**	kıʤırına tijyy
spotten (vi)	**шылдыңдоо**	ʃıldıŋdoo
Spott (m)	**шылдың**	ʃıldıŋ
Spitzname (m)	**лакап ат**	lakap at
Andeutung (f)	**кыйытма**	kıjıtma
andeuten (vt)	**кыйытып айтуу**	kıjıtıp aytuu
meinen (vt)	**билдирүү**	bildiryy
Beschreibung (f)	**сүрөттөө**	syrøttøø
beschreiben (vt)	**сүрөттөп берүү**	syrøttøp beryy
Lob (n)	**алкыш**	alkıʃ
loben (vt)	**мактоо**	maktoo
Enttäuschung (f)	**көңүлү калуу**	køŋyly kaluu
enttäuschen (vt)	**көңүлүн калтыруу**	køŋylyn kaltıruu
enttäuscht sein	**көңүл калуу**	køŋyl kaluu
Vermutung (f)	**божомол**	boʤomol
vermuten (vt)	**божомолдоо**	boʤomoldoo

Warnung (f)	**эскертүү**	eskertyy
warnen (vt)	**эскертүү**	eskertyy

64. Diskussion, Unterhaltung. Teil 3

überreden (vt)	**көндүрүү**	køndyryy
beruhigen (vt)	**тынчтандыруу**	tıntʃtandıruu
Schweigen (n)	**жымжырт**	ʤımʤırt
schweigen (vi)	**унчукпоо**	untʃukpoo
flüstern (vt)	**шыбыроо**	ʃıbıroo
Flüstern (n)	**шыбыр**	ʃıbır
offen (Adv)	**ачык айтканда**	atʃık ajtkanda
meiner Meinung nach ...	**менин оюмча ...**	menin ojʉmtʃa ...
Detail (n)	**ийне-жиби**	ijne-ʤibi
ausführlich (Adj)	**тетиктелген**	tetiktelgen
ausführlich (Adv)	**тетикке чейин**	tetikke tʃejin
Tipp (m)	**четин чыгаруу**	tʃetin tʃıgaruu
einen Tipp geben	**четин чыгаруу**	tʃetin tʃıgaruu
Blick (m)	**көз**	køz
anblicken (vt)	**карап коюу**	karap kojʉu
starr (z.B. -en Blick)	**тиктеген**	tiktegen
blinzeln (mit den Augen)	**көз ирмөө**	køz irmøø
zwinkern (mit den Augen)	**көз кысуу**	køz kısuu
nicken (vi)	**баш ийкөө**	baʃ ijkøø
Seufzer (m)	**дем чыгаруу**	dem tʃıgaruu
aufseufzen (vi)	**дем алуу**	dem aluu
zusammenzucken (vi)	**селт этүү**	selt etyy
Geste (f)	**жаңсоо**	ʤaŋsoo
berühren (vt)	**тийип кетүү**	tijip ketyy
ergreifen (vt)	**кармоо**	karmoo
klopfen (vt)	**таптоо**	taptoo
Vorsicht!	**Абайлагыла!**	abajlagıla!
Wirklich?	**Чын элеби?!**	tʃın elebi?!
Sind Sie sicher?	**Жаңылган жоксуңбу?**	ʤaŋılgan ʤoksuŋbu?
Viel Glück!	**Ийгилик!**	ijgilik!
Klar!	**Түшүнүктүү!**	tyʃynyktyy!
Schade!	**Кап!**	kap!

65. Zustimmung. Ablehnung

Einverständnis (n)	**макулдук**	makulduk
zustimmen (vi)	**макул болуу**	makul boluu
Billigung (f)	**колдоо**	koldoo
billigen (vt)	**колдоо**	koldoo
Absage (f)	**баш тартуу**	baʃ tartuu

sich weigern	**баш тартуу**	baʃ tartuu
Ausgezeichnet!	**Эң жакшы!**	eŋ dʒakʃı!
Ganz recht!	**Жакшы!**	dʒakʃı!
Gut! Okay!	**Макул!**	makul!
verboten (Adj)	**тыюу салынган**	tıjʉu salıngan
Es ist verboten	**болбойт**	bolbojt
Es ist unmöglich	**мүмкүн эмес**	mymkyn emes
falsch	**туура эмес**	tuura emes
ablehnen (vt)	**четке кагуу**	ʧetke kaguu
unterstützen (vt)	**колдоо**	koldoo
akzeptieren (vt)	**кабыл алуу**	kabıl aluu
bestätigen (vt)	**ырастоо**	ırastoo
Bestätigung (f)	**ырастоо**	ırastoo
Erlaubnis (f)	**уруксат**	uruksat
erlauben (vt)	**уруксат берүү**	uruksat beryy
Entscheidung (f)	**чечим**	ʧeʧim
schweigen (nicht antworten)	**унчукпоо**	unʧukpoo
Bedingung (f)	**шарт**	ʃart
Ausrede (f)	**шылтоо**	ʃıltoo
Lob (n)	**алкыш**	alkıʃ
loben (vt)	**мактоо**	maktoo

66. Erfolg. Alles Gute. Misserfolg

Erfolg (m)	**ийгилик**	ijgilik
erfolgreich (Adv)	**ийгиликтүү**	ijgiliktyy
erfolgreich (Adj)	**ийгиликтүү**	ijgiliktyy
Glück (Glücksfall)	**жол болуу**	dʒol boluu
Viel Glück!	**Ийгилик!**	ijgilik!
Glücks- (z.B. -tag)	**ийгиликтүү**	ijgiliktyy
glücklich (Adj)	**жолу бар**	dʒolu bar
Misserfolg (m)	**жолу болбостук**	dʒolu bolbostuk
Missgeschick (n)	**жолу болбостук**	dʒolu bolbostuk
Unglück (n)	**жолу болбоо**	dʒolu bolboo
missglückt (Adj)	**жолу болбогон**	dʒolu bolbogon
Katastrophe (f)	**киши көрбөсүн**	kiʃi kørbøsyn
Stolz (m)	**сыймык**	sıjmık
stolz	**көтөрүңгөн**	køtøryngøn
stolz sein	**сыймыктануу**	sıjmıktanuu
Sieger (m)	**жеңүүчү**	dʒeŋyyʧy
siegen (vi)	**жеңүү**	dʒeŋyy
verlieren (Spiel usw.)	**жеңилүү**	dʒeŋilyy
Versuch (m)	**аракет**	araket
versuchen (vt)	**аракет кылуу**	araket kıluu
Chance (f)	**мүмкүнчүлүк**	mymkynʧylyk

67. Streit. Negative Gefühle

Schrei (m)	**кыйкырык**	kıjkırık
schreien (vi)	**кыйкыруу**	kıjkıruu
beginnen zu schreien	**кыйкырып алуу**	kıjkırıp aluu
Zank (m)	**уруш**	uruʃ
sich zanken	**урушуу**	uruʃuu
Riesenkrach (m)	**чатак**	ʧatak
Krach haben	**чатакташуу**	ʧataktaʃuu
Konflikt (m)	**чыр-чатак**	ʧır-ʧatak
Missverständnis (n)	**түшүнбөстүк**	tyʃynbøstyk
Kränkung (f)	**кордоо**	kordoo
kränken (vt)	**кемсинтүү**	kemsintyy
gekränkt (Adj)	**катуу тийген**	katuu tijgen
Beleidigung (f)	**таарыныч**	taarınıʧ
beleidigen (vt)	**көңүлгө тийүү**	køŋylgø tijyy
sich beleidigt fühlen	**таарынып калуу**	taarınıp kaluu
Empörung (f)	**нааразылык**	naarazılık
sich empören	**нааразы болуу**	naarazı boluu
Klage (f)	**арыз**	arız
klagen (vi)	**арыздануу**	arızdanuu
Entschuldigung (f)	**кечирим**	keʧirim
sich entschuldigen	**кечирим суроо**	keʧirim suroo
um Entschuldigung bitten	**кечирим суроо**	keʧirim suroo
Kritik (f)	**сын-пикир**	sın-pikir
kritisieren (vt)	**сындоо**	sındoo
Anklage (f)	**айыптоо**	ajıptoo
anklagen (vt)	**айыптоо**	ajıptoo
Rache (f)	**өч алуу**	øʧ aluu
rächen (vt)	**өч алуу**	øʧ aluu
Verachtung (f)	**киши катары көрбөө**	kiʃi katarı kørbøø
verachten (vt)	**киши катарына албоо**	kiʃi katarına alboo
Hass (m)	**жек көрүү**	ʤek køryy
hassen (vt)	**жек көрүү**	ʤek køryy
nervös	**тынчы кеткен**	tınʧı ketken
nervös sein	**тынчы кетүү**	tınʧı ketyy
verärgert	**ачууланган**	aʧuulangan
ärgern (vt)	**ачуусун келтирүү**	aʧuusun keltiryy
Erniedrigung (f)	**кемсинтүү**	kemsintyy
erniedrigen (vt)	**кемсинтүү**	kemsintyy
sich erniedrigen	**байкуш болуу**	bajkuʃ boluu
Schock (m)	**дендирөө**	dendirøø
schockieren (vt)	**дендиретүү**	dendiretyy
Ärger (m)	**жагымсыз жагдай**	ʤagımsız ʤagdaj
unangenehm	**жагымсыз**	ʤagımsız

Angst (f)	**коркунуч**	korkunuʧ
furchtbar (z.B. -e Sturm)	**каардуу**	kaarduu
schrecklich	**коркунучтуу**	korkunuʧtuu
Entsetzen (n)	**үрөй учуу**	yrøj uʧuu
entsetzlich	**үрөй учуруу**	yrøj uʧuruu
zittern (vi)	**калтырап баштоо**	kaltırap baʃtoo
weinen (vi)	**ыйлоо**	ıjloo
anfangen zu weinen	**ыйлап жиберүү**	ıjlap ʤiberyy
Träne (f)	**көз жаш**	køz ʤaʃ
Schuld (f)	**күнөө**	kynøø
Schuldgefühl (n)	**күнөө сезими**	kynøø sezimi
Schmach (f)	**уят**	ujat
Protest (m)	**нааразылык**	naarazılık
Stress (m)	**бушайман болуу**	buʃajman boluu
stören (vt)	**тынчын алуу**	tınʧın aluu
sich ärgern	**жини келүү**	ʤini kelyy
ärgerlich	**ачуулуу**	aʧuuluu
abbrechen (vi)	**токтотуу**	toktotuu
schelten (vi)	**урушуу**	uruʃuu
erschrecken (vi)	**чоочуу**	ʧooʧuu
schlagen (vt)	**уруу**	uruu
sich prügeln	**мушташуу**	muʃtaʃuu
beilegen (Konflikt usw.)	**жөндөө**	ʤøndøø
unzufrieden	**нааразы**	naarazı
wütend	**жаалданган**	ʤaaldangan
Das ist nicht gut!	**Бул жакшы эмес!**	bul ʤakʃı emes!
Das ist schlecht!	**Бул жаман!**	bul ʤaman!

Medizin

68. Krankheiten

Krankheit (f)	**ооpy**	ooru
krank sein	**ооруу**	ooruu
Gesundheit (f)	**ден-соолук**	den-sooluk
Schnupfen (m)	**мурдунан суу агуу**	murdunan suu aguu
Angina (f)	**ангина**	angina
Erkältung (f)	**суук тийүү**	suuk tijyy
sich erkälten	**суук тийгизип алуу**	suuk tijgizip aluu
Bronchitis (f)	**бронхит**	bronχit
Lungenentzündung (f)	**кабыргадан сезгенүү**	kabırgadan sezgenyy
Grippe (f)	**сасык тумоо**	sasık tumoo
kurzsichtig	**алыстан көрө албоо**	alıstan kørø alboo
weitsichtig	**жакындан көрө албоо**	ʤakından kørø alboo
Schielen (n)	**кылый көздүүлүк**	kılıj køzdyylyk
schielend (Adj)	**кылый көздүүлүк**	kılıj køzdyylyk
grauer Star (m)	**челкөз**	ʧelkøz
Glaukom (n)	**глаукома**	glaukoma
Schlaganfall (m)	**мээге кан куюлуу**	meege kan kujʉluu
Infarkt (m)	**инфаркт**	infarkt
Herzinfarkt (m)	**инфаркт миокарда**	infarkt miokarda
Lähmung (f)	**шал**	ʃal
lähmen (vt)	**шал болуу**	ʃal boluu
Allergie (f)	**аллергия**	allergija
Asthma (n)	**астма**	astma
Diabetes (m)	**диабет**	diabet
Zahnschmerz (m)	**тиш оорусу**	tiʃ oorusu
Karies (f)	**кариес**	karies
Durchfall (m)	**ич өткү**	iʧ øtky
Verstopfung (f)	**ич катуу**	iʧ katuu
Magenverstimmung (f)	**ич бузулгандык**	iʧ buzulgandık
Vergiftung (f)	**ууулануу**	uulanuu
Vergiftung bekommen	**ууулануу**	uulanuu
Arthritis (f)	**артрит**	artrit
Rachitis (f)	**итий**	itij
Rheumatismus (m)	**кызыл жүгүрүк**	kızıl ʤygyryk
Atherosklerose (f)	**атеросклероз**	ateroskleroz
Gastritis (f)	**карын сезгенүүсү**	karın sezgenyysu
Blinddarmentzündung (f)	**аппендицит**	appendiʦit

Cholezystitis (f)	**холецистит**	χoletsistit
Geschwür (n)	**жара**	ʤara
Masern (pl)	**кызылча**	kızıltʃa
Röteln (pl)	**кызамык**	kızamık
Gelbsucht (f)	**сарык**	sarık
Hepatitis (f)	**гепатит**	gepatit
Schizophrenie (f)	**шизофрения**	ʃizofrenija
Tollwut (f)	**кутурма**	kuturma
Neurose (f)	**невроз**	nevroz
Gehirnerschütterung (f)	**мээнин чайкалышы**	meenin tʃajkalıʃı
Krebs (m)	**рак**	rak
Sklerose (f)	**склероз**	skleroz
multiple Sklerose (f)	**жайылган склероз**	ʤajılgan skleroz
Alkoholismus (m)	**аракечтик**	araketʃtik
Alkoholiker (m)	**аракеч**	araketʃ
Syphilis (f)	**котон жара**	koton ʤara
AIDS	**СПИД**	spid
Tumor (m)	**шишик**	ʃiʃik
bösartig	**залалдуу**	zalalduu
gutartig	**залалсыз**	zalalsız
Fieber (n)	**безгек**	bezgek
Malaria (f)	**безгек**	bezgek
Gangrän (f, n)	**кабыз**	kabız
Seekrankheit (f)	**деңиз оорусу**	deŋiz oorusu
Epilepsie (f)	**талма**	talma
Epidemie (f)	**эпидемия**	epidemija
Typhus (m)	**келте**	kelte
Tuberkulose (f)	**кургак учук**	kurgak utʃuk
Cholera (f)	**холера**	χolera
Pest (f)	**кара тумоо**	kara tumoo

69. Symptome. Behandlungen. Teil 1

Symptom (n)	**белги**	belgi
Temperatur (f)	**дене табынын көтөрүлүшү**	dene tabının køtørylyʃy
Fieber (n)	**жогорку температура**	ʤogorku temperatura
Puls (m)	**тамыр кагышы**	tamır kagıʃı
Schwindel (m)	**баш айлануу**	baʃ ajlanuu
heiß (Stirne usw.)	**ысык**	ısık
Schüttelfrost (m)	**чыйрыгуу**	tʃıjrıguu
blass (z.B. -es Gesicht)	**купкуу**	kupkuu
Husten (m)	**жөтөл**	ʤøtøl
husten (vi)	**жөтөлүү**	ʤøtølyy
niesen (vi)	**чүчкүрүү**	tʃytʃkyryy

Ohnmacht (f)	**эси оо**	esi oo
ohnmächtig werden	**эси ооп жыгылуу**	esi oop ʤɪgɪluu
blauer Fleck (m)	**көк-ала**	køk-ala
Beule (f)	**шишик**	ʃiʃik
sich stoßen	**урунуп алуу**	urunup aluu
Prellung (f)	**көгөртүп алуу**	køgørtyp aluu
sich stoßen	**көгөртүп алуу**	køgørtyp aluu
hinken (vi)	**аксоо**	aksoo
Verrenkung (f)	**муундун чыгып кетүүсү**	muundun ʧɪgɪp ketyysy
ausrenken (vt)	**чыгарып алуу**	ʧɪgarɪp aluu
Fraktur (f)	**сынуу**	sɪnuu
brechen (Arm usw.)	**сындырып алуу**	sɪndɪrɪp aluu
Schnittwunde (f)	**кесилген жер**	kesilgen ʤer
sich schneiden	**кесип алуу**	kesip aluu
Blutung (f)	**кан кетүү**	kan ketyy
Verbrennung (f)	**күйүк**	kyjyk
sich verbrennen	**күйгүзүп алуу**	kyjgyzyp aluu
stechen (vt)	**саюу**	sajʉu
sich stechen	**сайып алуу**	sajɪp aluu
verletzen (vt)	**кокустатып алуу**	kokustatɪp aluu
Verletzung (f)	**кокустатып алуу**	kokustatɪp aluu
Wunde (f)	**жара**	ʤara
Trauma (n)	**жаракат**	ʤarakat
irrereden (vi)	**жөлүү**	ʤølyy
stottern (vi)	**кекечтенүү**	keketʃtenyy
Sonnenstich (m)	**күн өтүү**	kyn øtyy

70. Symptome. Behandlungen. Teil 2

Schmerz (m)	**оору**	ooru
Splitter (m)	**тикен**	tiken
Schweiß (m)	**тер**	ter
schwitzen (vi)	**тердөө**	terdøø
Erbrechen (n)	**кусуу**	kusuu
Krämpfe (pl)	**тарамыш карышуусу**	taramɪʃ karɪʃuusu
schwanger	**кош бойлуу**	koʃ bojluu
geboren sein	**төрөлүү**	tørølyy
Geburt (f)	**төрөт**	tørøt
gebären (vt)	**төрөө**	tørøø
Abtreibung (f)	**бойдон түшүрүү**	bojdon tyʃyryy
Atem (m)	**дем алуу**	dem aluu
Atemzug (m)	**дем алуу**	dem aluu
Ausatmung (f)	**дем чыгаруу**	dem ʧɪgaruu
ausatmen (vt)	**дем чыгаруу**	dem ʧɪgaruu
einatmen (vt)	**дем алуу**	dem aluu

Invalide (m)	**майып**	majıp
Krüppel (m)	**мунжу**	munʤu
Drogenabhängiger (m)	**баңги**	baŋgi
taub	**дүлөй**	dyløj
stumm	**дудук**	duduk
taubstumm	**дудук**	duduk
verrückt (Adj)	**жин тийген**	ʤin tijgen
Irre (m)	**жинди чалыш**	ʤindi ʧalıʃ
Irre (f)	**жинди чалыш**	ʤindi ʧalıʃ
den Verstand verlieren	**мээси айныган**	meesi ajnıgan
Gen (n)	**ген**	gen
Immunität (f)	**иммунитет**	immunitet
erblich	**тукум куучулук**	tukum kuuʧuluk
angeboren	**тубаса**	tubasa
Virus (m, n)	**вирус**	virus
Mikrobe (f)	**микроб**	mikrob
Bakterie (f)	**бактерия**	bakterija
Infektion (f)	**жугуштуу илдет**	ʤuguʃtuu ildet

71. Symptome. Behandlungen. Teil 3

Krankenhaus (n)	**оорукана**	oorukana
Patient (m)	**бейтап**	bejtap
Diagnose (f)	**дарт аныктоо**	dart anıktoo
Heilung (f)	**дарылоо**	darıloo
Behandlung (f)	**дарылоо**	darıloo
Behandlung bekommen	**дарылануу**	darılanuu
behandeln (vt)	**дарылоо**	darıloo
pflegen (Kranke)	**кароо**	karoo
Pflege (f)	**кароо**	karoo
Operation (f)	**операция**	operaʦija
verbinden (vt)	**жараны таңуу**	ʤaranı taŋuu
Verband (m)	**таңуу**	taŋuu
Impfung (f)	**эмдөө**	emdøø
impfen (vt)	**эмдөө**	emdøø
Spritze (f)	**ийне салуу**	ijne saluu
eine Spritze geben	**ийне сайдыруу**	ijne sajdıruu
Anfall (m)	**ооруу кармап калуу**	ooru karmap kaluu
Amputation (f)	**кесүү**	kesyy
amputieren (vt)	**кесип таштоо**	kesip taʃtoo
Koma (n)	**кома**	koma
im Koma liegen	**комада болуу**	komada boluu
Reanimation (f)	**реанимация**	reanimaʦija
genesen von ... (vi)	**сакаюу**	sakajʉu
Zustand (m)	**абал**	abal

Bewusstsein (n)	**эсинде**	esinde
Gedächtnis (n)	**эс тутум**	es tutum
ziehen (einen Zahn ~)	**тишти жулуу**	tiʃti ʤuluu
Plombe (f)	**пломба**	plomba
plombieren (vt)	**пломба салуу**	plomba saluu
Hypnose (f)	**гипноз**	gipnoz
hypnotisieren (vt)	**гипноз кылуу**	gipnoz kıluu

72. Ärzte

Arzt (m)	**доктур**	doktur
Krankenschwester (f)	**медсестра**	medsestra
Privatarzt (m)	**жекелик доктур**	ʤekelik doktur
Zahnarzt (m)	**тиш доктур**	tiʃ doktur
Augenarzt (m)	**көз доктур**	køz doktur
Internist (m)	**терапевт**	terapevt
Chirurg (m)	**хирург**	χirurg
Psychiater (m)	**психиатр**	psiχiatr
Kinderarzt (m)	**педиатр**	pediatr
Psychologe (m)	**психолог**	psiχolog
Frauenarzt (m)	**гинеколог**	ginekolog
Kardiologe (m)	**кардиолог**	kardiolog

73. Medizin. Medikamente. Accessoires

Arznei (f)	**дары-дармек**	darı-darmek
Heilmittel (n)	**дары**	darı
verschreiben (vt)	**жазып берүү**	ʤazıp beryy
Rezept (n)	**рецепт**	retsept
Tablette (f)	**таблетка**	tabletka
Salbe (f)	**май**	maj
Ampulle (f)	**ампула**	ampula
Mixtur (f)	**аралашма**	aralaʃma
Sirup (m)	**сироп**	sirop
Pille (f)	**пилюля**	pilʉlʲa
Pulver (n)	**күкүм**	kykym
Verband (m)	**бинт**	bint
Watte (f)	**пахта**	paχta
Jod (n)	**йод**	jod
Pflaster (n)	**лейкопластырь**	lejkoplastırʲ
Pipette (f)	**дары тамызгыч**	darı tamızgıʧ
Thermometer (n)	**градусник**	gradusnik
Spritze (f)	**шприц**	ʃprits
Rollstuhl (m)	**майып арабасы**	majıp arabası
Krücken (pl)	**колтук таяк**	koltuk tajak

Betäubungsmittel (n)	**оору сездирбөөчү дары**	ooru sezdirbøøʧy darı
Abführmittel (n)	**ич алдыруучу дары**	iʧ aldıruuʧu darı
Spiritus (m)	**спирт**	spirt
Heilkraut (n)	**дары чөптөр**	darı ʧøptør
Kräuter- (z.B. Kräutertee)	**чөп чайы**	ʧøp ʧajı

74. Rauchen. Tabakwaren

Tabak (m)	**тамеки**	tameki
Zigarette (f)	**чылым**	ʧılım
Zigarre (f)	**чылым**	ʧılım
Pfeife (f)	**трубка**	trubka
Packung (f)	**пачке**	paʧke
Streichhölzer (pl)	**ширеңке**	ʃireŋke
Streichholzschachtel (f)	**ширеңке кутусу**	ʃireŋke kutusu
Feuerzeug (n)	**зажигалка**	zaʤigalka
Aschenbecher (m)	**күл салгыч**	kyl salgıʧ
Zigarettenetui (n)	**портсигар**	portsigar
Mundstück (n)	**мундштук**	mundʃtuk
Filter (n)	**фильтр**	filʲtr
rauchen (vi, vt)	**тамеки тартуу**	tameki tartuu
anrauchen (vt)	**күйгүзүп алуу**	kyjgyzyp aluu
Rauchen (n)	**чылым чегүү**	ʧılım ʧegyy
Raucher (m)	**тамекичи**	tamekiʧi
Stummel (m)	**чылым калдыгы**	ʧılım kaldıgı
Rauch (m)	**түтүн**	tytyn
Asche (f)	**күл**	kyl

LEBENSRAUM DES MENSCHEN

Stadt

75. Stadt. Leben in der Stadt

Stadt (f)	**шаар**	ʃaar
Hauptstadt (f)	**борбор**	borbor
Dorf (n)	**кыштак**	kıʃtak
Stadtplan (m)	**шаардын планы**	ʃaardın planı
Stadtzentrum (n)	**шаардын борбору**	ʃaardın borboru
Vorort (m)	**шаардын чет жакасы**	ʃaardın ʧet ʤakası
Vorort-	**шаардын чет жакасындагы**	ʃaardın ʧet ʤakasındagı
Stadtrand (m)	**чет-жака**	ʧet-ʤaka
Umgebung (f)	**чет-жака**	ʧet-ʤaka
Stadtviertel (n)	**квартал**	kvartal
Wohnblock (m)	**турак-жай кварталы**	turak-ʤaj kvartalı
Straßenverkehr (m)	**көчө кыймылы**	køʧø kıjmılı
Ampel (f)	**светофор**	svetofor
Stadtverkehr (m)	**шаар транспорту**	ʃaar transportu
Straßenkreuzung (f)	**кесилиш**	kesiliʃ
Übergang (m)	**жөө жүрүүчүлөр жолу**	ʤøø ʤyryyʧylør ʤolu
Fußgängerunterführung (f)	**жер астындагы жол**	ʤer astındagı ʤol
überqueren (vt)	**жолду өтүү**	ʤoldu øtyy
Fußgänger (m)	**жөө жүрүүчү**	ʤøø ʤyryyʧy
Gehweg (m)	**жанжол**	ʤanʤol
Brücke (f)	**көпүрө**	køpyrø
Kai (m)	**жээк жол**	ʤeek ʤol
Springbrunnen (m)	**фонтан**	fontan
Allee (f)	**аллея**	alleja
Park (m)	**сейил багы**	sejil bagı
Boulevard (m)	**бульвар**	bulʲvar
Platz (m)	**аянт**	ajant
Avenue (f)	**проспект**	prospekt
Straße (f)	**көчө**	køʧø
Gasse (f)	**чолок көчө**	ʧolok køʧø
Sackgasse (f)	**туюк көчө**	tujʉk køʧø
Haus (n)	**үй**	yj
Gebäude (n)	**имарат**	imarat
Wolkenkratzer (m)	**көк тиреген көп кабаттуу үй**	køk tiregen køp kabattuu yj

Fassade (f)	**үйдүн алды**	yjdyn aldı
Dach (n)	**чатыр**	ʧatır
Fenster (n)	**терезе**	tereze
Bogen (m)	**түркүк**	tyrkyk
Säule (f)	**мамы**	mamı
Ecke (f)	**бурч**	burʧ
Schaufenster (n)	**көрсөтмө айнек үкөк**	kørsøtmø ajnek ykøk
Firmenschild (n)	**көрнөк**	kørnøk
Anschlag (m)	**афиша**	afiʃa
Werbeposter (m)	**көрнөк-жарнак**	kørnøk-ʤarnak
Werbeschild (n)	**жарнамалык такта**	ʤarnamalık takta
Müll (m)	**таштанды**	taʃtandı
Mülleimer (m)	**таштанды челек**	taʃtandı ʧelek
Abfall wegwerfen	**таштоо**	taʃtoo
Mülldeponie (f)	**таштанды үйүлгөн жер**	taʃtandı yjylgøn ʤer
Telefonzelle (f)	**телефон будкасы**	telefon budkası
Straßenlaterne (f)	**чырак мамы**	ʧırak mamı
Bank (Park-)	**отургуч**	oturguʧ
Polizist (m)	**полиция кызматкери**	politsija kızmatkeri
Polizei (f)	**полиция**	politsija
Bettler (m)	**кайырчы**	kajırʧı
Obdachlose (m)	**селсаяк**	selsajak

76. Innerstädtische Einrichtungen

Laden (m)	**дүкөн**	dykøn
Apotheke (f)	**дарыкана**	darıkana
Optik (f)	**оптика**	optika
Einkaufszentrum (n)	**соода борбору**	sooda borboru
Supermarkt (m)	**супермаркет**	supermarket
Bäckerei (f)	**нан дүкөнү**	nan dykøny
Bäcker (m)	**навайчы**	navajʧı
Konditorei (f)	**кондитердик дүкөн**	konditerdik dykøn
Lebensmittelladen (m)	**азык-түлүк**	azık-tylyk
Metzgerei (f)	**эт дүкөнү**	et dykøny
Gemüseladen (m)	**жашылча дүкөнү**	ʤaʃılʧa dykøny
Markt (m)	**базар**	bazar
Kaffeehaus (n)	**кофекана**	kofekana
Restaurant (n)	**ресторан**	restoran
Bierstube (f)	**сыракана**	sırakana
Pizzeria (f)	**пиццерия**	pitserija
Friseursalon (m)	**чач тарач**	ʧaʧ taraʧ
Post (f)	**почта**	poʧta
chemische Reinigung (f)	**химиялык тазалоо**	χimijalık tazaloo
Fotostudio (n)	**фотоателье**	fotoatelje
Schuhgeschäft (n)	**бут кийим дүкөнү**	but kijim dykøny

Buchhandlung (f)	**китеп дүкөнү**	kitep dykøny
Sportgeschäft (n)	**спорт буюмдар дүкөнү**	sport bujʉmdar dykøny
Kleiderreparatur (f)	**кийим ондоочу жай**	kijim ondootʃu dʒaj
Bekleidungsverleih (m)	**кийимди ижарага берүү**	kijimdi idʒaraga beryy
Videothek (f)	**тасмаларды ижарага берүү**	tasmalardı idʒaraga beryy
Zirkus (m)	**цирк**	tsırk
Zoo (m)	**зоопарк**	zoopark
Kino (n)	**кинотеатр**	kinoteatr
Museum (n)	**музей**	muzej
Bibliothek (f)	**китепкана**	kitepkana
Theater (n)	**театр**	teatr
Opernhaus (n)	**опера**	opera
Nachtklub (m)	**түнкү клуб**	tynky klub
Kasino (n)	**казино**	kazino
Moschee (f)	**мечит**	metʃit
Synagoge (f)	**синагога**	sinagoga
Kathedrale (f)	**чоң чиркөө**	tʃoŋ tʃirkøø
Tempel (m)	**ибадаткана**	ibadatkana
Kirche (f)	**чиркөө**	tʃirkøø
Institut (n)	**коллеж**	kolledʒ
Universität (f)	**университет**	universitet
Schule (f)	**мектеп**	mektep
Präfektur (f)	**префектура**	prefektura
Rathaus (n)	**мэрия**	merija
Hotel (n)	**мейманкана**	mejmankana
Bank (f)	**банк**	bank
Botschaft (f)	**элчилик**	eltʃilik
Reisebüro (n)	**турагенттиги**	turagenttigi
Informationsbüro (n)	**маалымат бюросу**	maalımat bʉrosu
Wechselstube (f)	**алмаштыруу пункту**	almaʃtıruu punktu
U-Bahn (f)	**метро**	metro
Krankenhaus (n)	**оорукана**	oorukana
Tankstelle (f)	**май куюучу станция**	maj kujʉutʃu stantsija
Parkplatz (m)	**унаа токтоочу жай**	unaa toktootʃu dʒaj

77. Innerstädtischer Transport

Bus (m)	**автобус**	avtobus
Straßenbahn (f)	**трамвай**	tramvaj
Obus (m)	**троллейбус**	trollejbus
Linie (f)	**каттам**	kattam
Nummer (f)	**номер**	nomer
mit ... fahren	**... жүрүү**	... dʒyryy
einsteigen (vi)	**... отуруу**	... oturuu

aussteigen (aus dem Bus)	**... түшүп калуу**	... tyʃyp kaluu
Haltestelle (f)	**аялдама**	ajaldama
nächste Haltestelle (f)	**кийинки аялдама**	kijinki ajaldama
Endhaltestelle (f)	**акыркы аялдама**	akırkı ajaldama
Fahrplan (m)	**ырааттама**	ıraattama
warten (vi, vt)	**күтүү**	kytyy
Fahrkarte (f)	**билет**	bilet
Fahrpreis (m)	**билеттин баасы**	bilettin baası
Kassierer (m)	**кассир**	kassir
Fahrkartenkontrolle (f)	**текшерүү**	tekʃeryy
Fahrkartenkontrolleur (m)	**текшерүүчү**	tekʃeryyʧy
sich verspäten	**кечигүү**	keʧigyy
versäumen (Zug usw.)	**кечигип калуу**	keʧigip kaluu
sich beeilen	**шашуу**	ʃaʃuu
Taxi (n)	**такси**	taksi
Taxifahrer (m)	**такси айдоочу**	taksi ajdooʧu
mit dem Taxi	**таксиде**	takside
Taxistand (m)	**такси токтоочу жай**	taksi toktooʧu ʤaj
ein Taxi rufen	**такси чакыруу**	taksi ʧakıruu
ein Taxi nehmen	**такси кармоо**	taksi karmoo
Straßenverkehr (m)	**көчө кыймылы**	køʧø kıjmılı
Stau (m)	**тыгын**	tıgın
Hauptverkehrszeit (f)	**кызуу маал**	kızuu maal
parken (vi)	**токтотуу**	toktotuu
parken (vt)	**машинаны жайлаштыруу**	maʃinanı ʤajlaʃtıruu
Parkplatz (m)	**унаа токтоочу жай**	unaa toktooʧu ʤaj
U-Bahn (f)	**метро**	metro
Station (f)	**бекет**	beket
mit der U-Bahn fahren	**метродо жүрүү**	metrodo ʤyryy
Zug (m)	**поезд**	poezd
Bahnhof (m)	**вокзал**	vokzal

78. Sehenswürdigkeiten

Denkmal (n)	**эстелик**	estelik
Festung (f)	**чеп**	ʧep
Palast (m)	**сарай**	saraj
Schloss (n)	**сепил**	sepil
Turm (m)	**мунара**	munara
Mausoleum (n)	**күмбөз**	kymbøz
Architektur (f)	**архитектура**	arχitektura
mittelalterlich	**орто кылымдык**	orto kılımdık
alt (antik)	**байыркы**	bajırkı
national	**улуттук**	uluttuk
berühmt	**таанымал**	taanımal
Tourist (m)	**турист**	turist
Fremdenführer (m)	**гид**	gid

Ausflug (m)	**экскурсия**	ekskursija
zeigen (vt)	**көрсөтүү**	kørsøtyy
erzählen (vt)	**айтып берүү**	ajtıp beryy
finden (vt)	**табуу**	tabuu
sich verlieren	**адашып кетүү**	adaʃıp ketyy
Karte (U-Bahn ~)	**схема**	sχema
Karte (Stadt-)	**план**	plan
Souvenir (n)	**асембелек**	asembelek
Souvenirladen (m)	**асембелек дүкөнү**	asembelek dykøny
fotografieren (vt)	**сүрөткө тартуу**	syrøtkø tartuu
sich fotografieren	**сүрөткө түшүү**	syrøtkø tyʃyy

79. Shopping

kaufen (vt)	**сатып алуу**	satıp aluu
Einkauf (m)	**сатып алуу**	satıp aluu
einkaufen gehen	**сатып алууга чыгуу**	satıp aluuga ʧıguu
Einkaufen (n)	**базарчылоо**	bazarʧıloo
offen sein (Laden)	**иштөө**	iʃtøø
zu sein	**жабылуу**	ʤabıluu
Schuhe (pl)	**бут кийим**	but kijim
Kleidung (f)	**кийим-кече**	kijim-keʧe
Kosmetik (f)	**упа-эндик**	upa-endik
Lebensmittel (pl)	**азык-түлүк**	azık-tylyk
Geschenk (n)	**белек**	belek
Verkäufer (m)	**сатуучу**	satuuʧu
Verkäuferin (f)	**сатуучу кыз**	satuuʧu kız
Kasse (f)	**касса**	kassa
Spiegel (m)	**күзгү**	kyzgy
Ladentisch (m)	**прилавок**	prilavok
Umkleidekabine (f)	**кийим ченөөчү бөлмө**	kijim ʧenøøʧy bølmø
anprobieren (vt)	**кийим ченөө**	kijim ʧenøø
passen (Schuhe, Kleid)	**ылайык келүү**	ılajık kelyy
gefallen (vi)	**жактыруу**	ʤaktıruu
Preis (m)	**баа**	baa
Preisschild (n)	**баа**	baa
kosten (vt)	**туруу**	turuu
Wie viel?	**Канча?**	kanʧa?
Rabatt (m)	**арзандатуу**	arzandatuu
preiswert	**кымбат эмес**	kımbat emes
billig	**арзан**	arzan
teuer	**кымбат**	kımbat
Das ist teuer	**Бул кымбат**	bul kımbat
Verleih (m)	**ижара**	idʒara
leihen, mieten (ein Auto usw.)	**ижарага алуу**	idʒaraga aluu

Kredit (m), Darlehen (n)	**насыя**	nasıja
auf Kredit	**насыяга алуу**	nasıjaga aluu

80. Geld

Geld (n)	**акча**	aktʃa
Austausch (m)	**алмаштыруу**	almaʃtıruu
Kurs (m)	**курс**	kurs
Geldautomat (m)	**банкомат**	bankomat
Münze (f)	**тыйын**	tıjın
Dollar (m)	**доллар**	dollar
Euro (m)	**евро**	evro
Lira (f)	**италиялык лира**	italijalık lira
Mark (f)	**немис маркасы**	nemis markası
Franken (m)	**франк**	frank
Pfund Sterling (n)	**фунт стерлинг**	funt sterling
Yen (m)	**йена**	jena
Schulden (pl)	**карыз**	karız
Schuldner (m)	**карыздар**	karızdar
leihen (vt)	**карызга берүү**	karızga beryy
leihen, borgen (Geld usw.)	**карызга алуу**	karızga aluu
Bank (f)	**банк**	bank
Konto (n)	**эсеп**	esep
einzahlen (vt)	**салуу**	saluu
auf ein Konto einzahlen	**эсепке акча салуу**	esepke aktʃa saluu
abheben (vt)	**эсептен акча чыгаруу**	esepten aktʃa tʃıgaruu
Kreditkarte (f)	**насыя картасы**	nasıja kartası
Bargeld (n)	**накталай акча**	naktalaj aktʃa
Scheck (m)	**чек**	tʃek
einen Scheck schreiben	**чек жазып берүү**	tʃek dʒazıp beryy
Scheckbuch (n)	**чек китепчеси**	tʃek kiteptʃesi
Geldtasche (f)	**намыян**	namıjan
Geldbeutel (m)	**капчык**	kaptʃık
Safe (m)	**сейф**	sejf
Erbe (m)	**мураскер**	murasker
Erbschaft (f)	**мурас**	muras
Vermögen (n)	**мүлк**	mylk
Pacht (f)	**ижара**	idʒara
Miete (f)	**батир акысы**	batir akısı
mieten (vt)	**батирге алуу**	batirge aluu
Preis (m)	**баа**	baa
Kosten (pl)	**баа**	baa
Summe (f)	**сумма**	summa
ausgeben (vt)	**коротуу**	korotuu
Ausgaben (pl)	**чыгым**	tʃıgım

sparen (vt)	**үнөмдөө**	ynømdøø
sparsam	**сарамжал**	saramdʒal
zahlen (vt)	**төлөө**	tøløø
Lohn (m)	**акы төлөө**	akı tøløø
Wechselgeld (n)	**кайтарылган майда акча**	kajtarılgan majda aktʃa
Steuer (f)	**салык**	salık
Geldstrafe (f)	**айып**	ajıp
bestrafen (vt)	**айып пул салуу**	ajıp pul saluu

81. Post. Postdienst

Post (Postamt)	**почта**	potʃta
Post (Postsendungen)	**почта**	potʃta
Briefträger (m)	**кат ташуучу**	kat taʃuutʃu
Öffnungszeiten (pl)	**иш сааттары**	iʃ saattarı
Brief (m)	**кат**	kat
Einschreibebrief (m)	**тапшырык кат**	tapʃırık kat
Postkarte (f)	**открытка**	otkrıtka
Telegramm (n)	**телеграмма**	telegramma
Postpaket (n)	**посылка**	posılka
Geldanweisung (f)	**акча которуу**	aktʃa kotoruu
bekommen (vt)	**алуу**	aluu
abschicken (vt)	**жөнөтүү**	dʒønøtyy
Absendung (f)	**жөнөтүү**	dʒønøtyy
Postanschrift (f)	**дарек**	darek
Postleitzahl (f)	**индекс**	indeks
Absender (m)	**жөнөтүүчү**	dʒønøtyytʃy
Empfänger (m)	**алуучу**	aluutʃu
Vorname (m)	**аты**	atı
Nachname (m)	**фамилиясы**	familijası
Tarif (m)	**тариф**	tarif
Standard- (Tarif)	**жөнөкөй**	dʒønøkøj
Spar- (-tarif)	**үнөмдүү**	ynømdyy
Gewicht (n)	**салмак**	salmak
abwiegen (vt)	**таразалоо**	tarazaloo
Briefumschlag (m)	**конверт**	konvert
Briefmarke (f)	**марка**	marka
Briefmarke aufkleben	**марка жабыштыруу**	marka dʒabıʃtıruu

Wohnung. Haus. Zuhause

82. Haus. Wohnen

Haus (n)	**үй**	yj
zu Hause	**үйүндө**	yjyndø
Hof (m)	**эшик**	eʃik
Zaun (m)	**тосмо**	tosmo
Ziegel (m)	**кыш**	kıʃ
Ziegel-	**кыштан**	kıʃtan
Stein (m)	**таш**	taʃ
Stein-	**таш**	taʃ
Beton (m)	**бетон**	beton
Beton-	**бетон**	beton
neu	**жаңы**	ʤaŋı
alt	**эски**	eski
baufällig	**эскирген**	eskirgen
modern	**заманбап**	zamanbap
mehrstöckig	**көп кабаттуу**	køp kabattuu
hoch	**бийик**	bijik
Stock (m)	**кабат**	kabat
einstöckig	**бир кабаттуу**	bir kabat
Erdgeschoß (n)	**ылдыйкы этаж**	ıldıjkı etaʤ
oberster Stock (m)	**үстүңкү этаж**	ystyŋky etaʤ
Dach (n)	**чатыр**	ʧatır
Schlot (m)	**мор**	mor
Dachziegel (m)	**чатыр карапа**	ʧatır karapa
Dachziegel-	**карапалуу**	karapaluu
Dachboden (m)	**чердак**	ʧerdak
Fenster (n)	**терезе**	tereze
Glas (n)	**айнек**	ajnek
Fensterbrett (n)	**текче**	tekʧe
Fensterläden (pl)	**терезе жапкычы**	tereze ʤapkıʧı
Wand (f)	**дубал**	dubal
Balkon (m)	**балкон**	balkon
Regenfallrohr (n)	**суу аккан түтүк**	suu akkan tytyk
nach oben	**өйдө**	øjdø
hinaufgehen (vi)	**көтөрүлүү**	køtørylyy
herabsteigen (vi)	**ылдый түшүү**	ıldıj tyʃyy
umziehen (vi)	**көчүү**	køʧyy

83. Haus. Eingang. Lift

Eingang (m)	подъезд	podʰjezd
Treppe (f)	тепкич	tepkitʃ
Stufen (pl)	тепкичтер	tepkitʃter
Geländer (n)	тосмо	tosmo
Halle (f)	холл	χoll
Briefkasten (m)	почта ящиги	potʃta jaʃtʃigi
Müllkasten (m)	таштанды челеги	taʃtandı tʃelegi
Müllschlucker (m)	таштанды түтүгү	taʃtandı tytygy
Aufzug (m)	лифт	lift
Lastenaufzug (m)	жүк ташуучу лифт	dʒyk taʃuutʃu lift
Aufzugkabine (f)	кабина	kabina
Aufzug nehmen	лифтке түшүү	liftke tyʃyy
Wohnung (f)	батир	batir
Mieter (pl)	жашоочулар	dʒaʃootʃular
Nachbar (m)	кошуна	koʃuna
Nachbarin (f)	кошуна	koʃuna
Nachbarn (pl)	кошуналар	koʃunalar

84. Haus. Türen. Schlösser

Tür (f)	эшик	eʃik
Tor (der Villa usw.)	дарбаза	darbaza
Griff (m)	тутка	tutka
aufschließen (vt)	кулпусун ачуу	kulpusun atʃuu
öffnen (vt)	ачуу	atʃuu
schließen (vt)	жабуу	dʒabuu
Schlüssel (m)	ачкыч	atʃkıtʃ
Bündel (n)	ачкычтар тизмеси	atʃkıtʃtar tizmesi
knarren (vi)	кычыратуу	kıtʃıratuu
Knarren (n)	чыйкылдоо	tʃıjkıldoo
Türscharnier (n)	петля	petlʲa
Fußmatte (f)	килемче	kilemtʃe
Schloss (n)	кулпу	kulpu
Schlüsselloch (n)	кулпу тешиги	kulpu teʃigi
Türriegel (m)	бекитме	bekitme
kleiner Türriegel (m)	тээк	teek
Vorhängeschloss (n)	асма кулпу	asma kulpu
klingeln (vi)	чалуу	tʃaluu
Klingel (Laut)	шыңгыраш	ʃıŋgıraʃ
Türklingel (f)	конгуроо	konguroo
Knopf (m)	конгуроо баскычы	konguroo baskıtʃı
Klopfen (n)	такылдатуу	takıldatuu
anklopfen (vi)	такылдатуу	takıldatuu

Code (m)	**код**	kod
Zahlenschloss (n)	**код кулпусу**	kod kulpusu
Sprechanlage (f)	**домофон**	domofon
Nummer (f)	**номер**	nomer
Türschild (n)	**тактача**	taktatʃa
Türspion (m)	**көзчө**	køztʃø

85. Landhaus

Dorf (n)	**кыштак**	kıʃtak
Gemüsegarten (m)	**чарбак**	tʃarbak
Zaun (m)	**тосмо**	tosmo
Lattenzaun (m)	**кашаа**	kaʃaa
Zauntür (f)	**каалга**	kaalga
Speicher (m)	**кампа**	kampa
Keller (m)	**ороо**	oroo
Schuppen (m)	**сарай**	saraj
Brunnen (m)	**кудук**	kuduk
Ofen (m)	**меш**	meʃ
heizen (Ofen ~)	**меш жагуу**	meʃ dʒaguu
Holz (n)	**отун**	otun
Holzscheit (n)	**бир кертим жыгач**	bir kertim dʒıgatʃ
Veranda (f)	**веранда**	veranda
Terrasse (f)	**терасса**	terassa
Außentreppe (f)	**босого**	bosogo
Schaukel (f)	**селкинчек**	selkintʃek

86. Burg. Palast

Schloss (n)	**сепил**	sepil
Palast (m)	**сарай**	saraj
Festung (f)	**чеп**	tʃep
Mauer (f)	**дубал**	dubal
Turm (m)	**мунара**	munara
Bergfried (m)	**баш мунара**	baʃ munara
Fallgatter (n)	**көтөрүлүүчү дарбаза**	køtørylyytʃy darbaza
Tunnel (n)	**жер астындагы жол**	dʒer astındagı dʒol
Graben (m)	**сепил аңгеги**	sepil aŋgegi
Kette (f)	**чынжыр**	tʃındʒır
Schießscharte (f)	**атуучу тешик**	atuutʃu teʃik
großartig, prächtig	**сонун**	sonun
majestätisch	**даңазалуу**	daŋazaluu
unnahbar	**бекем чеп**	bekem tʃep
mittelalterlich	**орто кылымдык**	orto kılımdık

87. Wohnung

Wohnung (f)	**батир**	batir
Zimmer (n)	**бөлмө**	bølmø
Schlafzimmer (n)	**уктоочу бөлмө**	uktooʧu bølmø
Esszimmer (n)	**ашкана**	aʃkana
Wohnzimmer (n)	**конок үйү**	konok yjy
Arbeitszimmer (n)	**иш бөлмөсү**	iʃ bølmøsy
Vorzimmer (n)	**кире бериш**	kire beriʃ
Badezimmer (n)	**ванная**	vannaja
Toilette (f)	**даараткана**	daaratkana
Decke (f)	**шып**	ʃɪp
Fußboden (m)	**пол**	pol
Ecke (f)	**бурч**	burʧ

88. Wohnung. Saubermachen

aufräumen (vt)	**жыйноо**	ʤɪjnoo
weglegen (vt)	**жыйноо**	ʤɪjnoo
Staub (m)	**чаң**	ʧaŋ
staubig	**чаң баскан**	ʧaŋ baskan
Staub abwischen	**чаң сүртүү**	ʧaŋ syrtyy
Staubsauger (m)	**чаң соргуч**	ʧaŋ sorguʧ
Staub saugen	**чаң сордуруу**	ʧaŋ sorduruu
kehren, fegen (vt)	**шыпыруу**	ʃɪpɪruu
Kehricht (m, n)	**шыпырынды**	ʃɪpɪrɪndɪ
Ordnung (f)	**иреттелген**	irettelgen
Unordnung (f)	**чачылган**	ʧaʧɪlgan
Schrubber (m)	**швабра**	ʃvabra
Lappen (m)	**чүпүрөк**	ʧypyrøk
Besen (m)	**шыпыргы**	ʃɪpɪrgɪ
Kehrichtschaufel (f)	**калак**	kalak

89. Möbel. Innenausstattung

Möbel (n)	**эмерек**	emerek
Tisch (m)	**стол**	stol
Stuhl (m)	**стул**	stul
Bett (n)	**керебет**	kerebet
Sofa (n)	**диван**	divan
Sessel (m)	**олпок отургуч**	olpok oturguʧ
Bücherschrank (m)	**китеп шкафы**	kitep ʃkafɪ
Regal (n)	**текче**	tekʧe
Schrank (m)	**шкаф**	ʃkaf
Hakenleiste (f)	**кийим илгич**	kijim ilgiʧ

Kleiderständer (m)	**кийим илгич**	kijim ilgiʧ
Kommode (f)	**комод**	komod
Couchtisch (m)	**журнал столу**	ʤurnal stolu
Spiegel (m)	**күзгү**	kyzgy
Teppich (m)	**килем**	kilem
Matte (kleiner Teppich)	**килемче**	kilemʧe
Kamin (m)	**очок**	oʧok
Kerze (f)	**шам**	ʃam
Kerzenleuchter (m)	**шамдал**	ʃamdal
Vorhänge (pl)	**парда**	parda
Tapete (f)	**туш кагаз**	tuʃ kagaz
Jalousie (f)	**жалюзи**	ʤalʤʉzi
Tischlampe (f)	**стол чырагы**	stol ʧıragı
Leuchte (f)	**чырак**	ʧırak
Stehlampe (f)	**торшер**	torʃer
Kronleuchter (m)	**асма шам**	asma ʃam
Bein (Tischbein usw.)	**бут**	but
Armlehne (f)	**чыканак такооч**	ʧıkanak takooʧ
Lehne (f)	**жөлөнгүч**	ʤøløngyʧ
Schublade (f)	**суурма**	suurma

90. Bettwäsche

Bettwäsche (f)	**шейшеп**	ʃejʃep
Kissen (n)	**жаздык**	ʤazdık
Kissenbezug (m)	**жаздык кап**	ʤazdık kap
Bettdecke (f)	**жууркан**	ʤuurkan
Laken (n)	**шейшеп**	ʃejʃep
Tagesdecke (f)	**жапкыч**	ʤapkıʧ

91. Küche

Küche (f)	**ашкана**	aʃkana
Gas (n)	**газ**	gaz
Gasherd (m)	**газ плитасы**	gaz plitası
Elektroherd (m)	**электр плитасы**	elektr plitası
Backofen (m)	**духовка**	duχovka
Mikrowellenherd (m)	**микротолкун меши**	mikrotolkun meʃi
Kühlschrank (m)	**муздаткыч**	muzdatkıʧ
Tiefkühltruhe (f)	**тоңдургуч**	toŋdurguʧ
Geschirrspülmaschine (f)	**идиш жуучу машина**	idiʃ ʤuuʧu maʃina
Fleischwolf (m)	**эт туурагыч**	et tuuragıʧ
Saftpresse (f)	**шире сыккыч**	ʃire sıkkıʧ
Toaster (m)	**тостер**	toster
Mixer (m)	**миксер**	mikser

Kaffeemaschine (f)	**кофе кайнаткыч**	kofe kajnatkıʧ
Kaffeekanne (f)	**кофе кайнатуучу идиш**	kofe kajnatuuʧu idiʃ
Kaffeemühle (f)	**кофе майдалагыч**	kofe majdalagıʧ
Wasserkessel (m)	**чайнек**	ʧajnek
Teekanne (f)	**чайнек**	ʧajnek
Deckel (m)	**капкак**	kapkak
Teesieb (n)	**чыпка**	ʧıpka
Löffel (m)	**кашык**	kaʃık
Teelöffel (m)	**чай кашык**	ʧaj kaʃık
Esslöffel (m)	**аш кашык**	aʃ kaʃık
Gabel (f)	**вилка**	vilka
Messer (n)	**бычак**	bıʧak
Geschirr (n)	**идиш-аяк**	idiʃ-ajak
Teller (m)	**табак**	tabak
Untertasse (f)	**табак**	tabak
Schnapsglas (n)	**рюмка**	rʉmka
Glas (n)	**ыстакан**	ıstakan
Tasse (f)	**чөйчөк**	ʧøjʧøk
Zuckerdose (f)	**кум шекер салгыч**	kum ʃeker salgıʧ
Salzstreuer (m)	**туз салгыч**	tuz salgıʧ
Pfefferstreuer (m)	**мурч салгыч**	murʧ salgıʧ
Butterdose (f)	**май салгыч**	maj salgıʧ
Kochtopf (m)	**мискей**	miskej
Pfanne (f)	**табак**	tabak
Schöpflöffel (m)	**чөмүч**	ʧømyʧ
Durchschlag (m)	**депкир**	depkir
Tablett (n)	**батыныс**	batınıs
Flasche (f)	**бөтөлкө**	bøtølkø
Glas (Einmachglas)	**банка**	banka
Dose (f)	**банка**	banka
Flaschenöffner (m)	**ачкыч**	aʧkıʧ
Dosenöffner (m)	**ачкыч**	aʧkıʧ
Korkenzieher (m)	**штопор**	ʃtopor
Filter (n)	**чыпка**	ʧıpka
filtern (vt)	**чыпкалоо**	ʧıpkaloo
Müll (m)	**таштанды**	taʃtandı
Mülleimer, Treteimer (m)	**таштанды чака**	taʃtandı ʧaka

92. Bad

Badezimmer (n)	**ванная**	vannaja
Wasser (n)	**суу**	suu
Wasserhahn (m)	**чорго**	ʧorgo
Warmwasser (n)	**ысык суу**	ısık suu
Kaltwasser (n)	**муздак суу**	muzdak suu

Zahnpasta (f)	**тиш пастасы**	tiʃ pastası
Zähne putzen	**тиш жуу**	tiʃ dʒuu
Zahnbürste (f)	**тиш щёткасы**	tiʃ ʃtʃʲotkası
sich rasieren	**кырынуу**	kırınuu
Rasierschaum (m)	**кырынуу үчүн көбүк**	kırınuu ytʃyn købyk
Rasierer (m)	**устара**	ustara
waschen (vt)	**жуу**	dʒuu
sich waschen	**жуунуу**	dʒuunuu
Dusche (f)	**душ**	duʃ
sich duschen	**душка түшүү**	duʃka tyʃyy
Badewanne (f)	**ванна**	vanna
Klosettbecken (n)	**унитаз**	unitaz
Waschbecken (n)	**раковина**	rakovina
Seife (f)	**самын**	samın
Seifenschale (f)	**самын салгыч**	samın salgıtʃ
Schwamm (m)	**губка**	gubka
Shampoo (n)	**шампунь**	ʃampunʲ
Handtuch (n)	**сүлгү**	sylgy
Bademantel (m)	**халат**	χalat
Wäsche (f)	**кир жуу**	kir dʒuu
Waschmaschine (f)	**кир жуучу машина**	kir dʒuutʃu maʃina
waschen (vt)	**кир жуу**	kir dʒuu
Waschpulver (n)	**кир жуучу порошок**	kir dʒuutʃu poroʃok

93. Haushaltsgeräte

Fernseher (m)	**сыналгы**	sınalgı
Tonbandgerät (n)	**магнитофон**	magnitofon
Videorekorder (m)	**видеомагнитофон**	videomagnitofon
Empfänger (m)	**үналгы**	ynalgı
Player (m)	**плеер**	pleer
Videoprojektor (m)	**видеопроектор**	videoproektor
Heimkino (n)	**үй кинотеатры**	yj kinoteatrı
DVD-Player (m)	**DVD ойнотkуч**	dividi ojnotkutʃ
Verstärker (m)	**күчөткүч**	kytʃøtkytʃ
Spielkonsole (f)	**оюн приставкасы**	ojun pristavkası
Videokamera (f)	**видеокамера**	videokamera
Kamera (f)	**фотоаппарат**	fotoapparat
Digitalkamera (f)	**санарип камерасы**	sanarip kamerası
Staubsauger (m)	**чаң соргуч**	tʃaŋ sorgutʃ
Bügeleisen (n)	**үтүк**	ytyk
Bügelbrett (n)	**үтүктөөчү тактай**	ytyktøøtʃy taktaj
Telefon (n)	**телефон**	telefon
Mobiltelefon (n)	**мобилдик**	mobildik

Schreibmaschine (f)	**машинка**	maʃinka
Nähmaschine (f)	**кийим тигүүчү машинка**	kijim tigyytʃy maʃinka
Mikrophon (n)	**микрофон**	mikrofon
Kopfhörer (m)	**кулакчын**	kulaktʃın
Fernbedienung (f)	**пульт**	pulʲt
CD (f)	**CD, компакт-диск**	sidi, kompakt-disk
Kassette (f)	**кассета**	kasseta
Schallplatte (f)	**пластинка**	plastinka

94. Reparaturen. Renovierung

Renovierung (f)	**ремонт**	remont
renovieren (vt)	**ремонт жасоо**	remont ʤasoo
reparieren (vt)	**оңдоо**	oŋdoo
in Ordnung bringen	**иретке келтирүү**	iretke keltiryy
noch einmal machen	**кайра жасатуу**	kajra ʤasatuu
Farbe (f)	**сыр**	sır
streichen (vt)	**боео**	boeo
Anstreicher (m)	**боекчу**	boektʃu
Pinsel (m)	**кисть**	kistʲ
Kalkfarbe (f)	**акиташ**	akitaʃ
weißen (vt)	**актоо**	aktoo
Tapete (f)	**туш кагаз**	tuʃ kagaz
tapezieren (vt)	**туш кагаз менен чаптоо**	tuʃ kagaz menen tʃaptoo
Lack (z.B. Parkettlack)	**лак**	lak
lackieren (vt)	**лак менен жабуу**	lak menen ʤabuu

95. Rohrleitungen

Wasser (n)	**суу**	suu
Warmwasser (n)	**ысык суу**	ısık suu
Kaltwasser (n)	**муздак суу**	muzdak suu
Wasserhahn (m)	**чорго**	tʃorgo
Tropfen (m)	**тамчы**	tamtʃı
tropfen (vi)	**тамчылоо**	tamtʃıloo
durchsickern (vi)	**агуу**	aguu
Leck (n)	**суу өтүү**	suu øtyy
Lache (f)	**көлчүк**	køltʃyk
Rohr (n)	**түтүк**	tytyk
Ventil (n)	**чорго**	tʃorgo
sich verstopfen	**тыгылуу**	tıgıluu
Werkzeuge (pl)	**аспаптар**	aspaptar
Engländer (m)	**бурама ачкыч**	burama atʃkıtʃ
abdrehen (vt)	**бурап чыгаруу**	burap tʃıgaruu

zudrehen (vt)	**бурап бекитүү**	burap bekityy
reinigen (Rohre ~)	**тазалоо**	tazaloo
Klempner (m)	**сантехник**	santeχnik
Keller (m)	**жер асты**	ʤer astı
Kanalisation (f)	**канализация**	kanalizaʦija

96. Feuer. Brand

Feuer (n)	**өрт**	ørt
Flamme (f)	**жалын**	ʤalın
Funke (m)	**учкун**	uʧkun
Rauch (m)	**түтүн**	tytyn
Fackel (f)	**шамана**	ʃamana
Lagerfeuer (n)	**от**	ot
Benzin (n)	**күйүүчү май**	kyjyyʧy may
Kerosin (n)	**керосин**	kerosin
brennbar	**күйүүчү**	kyjyyʧy
explosiv	**жарылуу коркунучу**	ʤarıluu korkunuʧu
RAUCHEN VERBOTEN!	**ТАМЕКИ ЧЕГҮҮГӨ БОЛБОЙТ!**	tameki ʧegyygø bolbojt!
Sicherheit (f)	**коопсуз**	koopsuz
Gefahr (f)	**коркунуч**	korkunuʧ
gefährlich	**кооптуу**	kooptuu
sich entflammen	**от алуу**	ot aluu
Explosion (f)	**жарылуу**	ʤarıluu
in Brand stecken	**өрттөө**	ørttøø
Brandstifter (m)	**өрттөөчү**	ørttøøʧy
Brandstiftung (f)	**өрттөө**	ørttøø
flammen (vi)	**жалындап күйүү**	ʤalındap kyjyy
brennen (vi)	**күйүү**	kyjyy
verbrennen (vi)	**күйүп кетүү**	kyjyp ketyy
die Feuerwehr rufen	**өрт өчүргүчтөрдү чакыруу**	ørt øʧyrgyʧtørdy ʧakıruu
Feuerwehrmann (m)	**өрт өчүргүч**	ørt øʧyrgyʧ
Feuerwehrauto (n)	**өрт өчүрүүчү машина**	ørt øʧyryyʧy maʃina
Feuerwehr (f)	**өрт өчүрүү командасы**	ørt øʧyryy komandası
Drehleiter (f)	**өрт өчүрүүчү шаты**	ørt øʧyryyʧy ʃatı
Feuerwehrschlauch (m)	**шланг**	ʃlang
Feuerlöscher (m)	**өрт өчүргүч**	ørt øʧyrgyʧ
Helm (m)	**каска**	kaska
Sirene (f)	**сирена**	sirena
schreien (vi)	**айгай салуу**	ajgaj saluu
um Hilfe rufen	**жардамга чакыруу**	ʤardamga ʧakıruu
Retter (m)	**куткаруучу**	kutkaruuʧu
retten (vt)	**куткаруу**	kutkaruu
ankommen (vi)	**келүү**	kelyy
löschen (vt)	**өчүрүү**	øʧyryy

Wasser (n)	**суу**	suu
Sand (m)	**кум**	kum
Trümmer (pl)	**уранды**	urandı
zusammenbrechen (vi)	**уроо**	uroo
einfallen (vi)	**кулоо**	kuloo
einstürzen (Decke)	**урап тушүү**	urap tuʃyy
Bruchstück (n)	**сынык**	sınık
Asche (f)	**күл**	kyl
ersticken (vi)	**тумчугуу**	tumʧuguu
ums Leben kommen	**өлүү**	ølyy

AKTIVITÄTEN DES MENSCHEN

Beruf. Geschäft. Teil 1

97. Bankgeschäft

Bank (f)	**банк**	bank
Filiale (f)	**бөлүм**	bølym
Berater (m)	**кеңешчи**	keŋeʃʧi
Leiter (m)	**башкаруучу**	baʃkaruuʧu
Konto (n)	**эсеп**	esep
Kontonummer (f)	**эсеп номери**	esep nomeri
Kontokorrent (n)	**учурдагы эсеп**	uʧurdagı esep
Sparkonto (n)	**топтолмо эсеп**	toptolmo esep
ein Konto eröffnen	**эсеп ачуу**	esep aʧuu
das Konto schließen	**эсеп жабуу**	esep ʤabuu
einzahlen (vt)	**эсепке акча салуу**	esepke akʧa saluu
abheben (vt)	**эсептен акча чыгаруу**	esepten akʧa ʧıgaruu
Einzahlung (f)	**аманат**	amanat
eine Einzahlung machen	**аманат кылуу**	amanat kıluu
Überweisung (f)	**акча которуу**	akʧa kotoruu
überweisen (vt)	**акча которуу**	akʧa kotoruu
Summe (f)	**сумма**	summa
Wieviel?	**Канча?**	kanʧa?
Unterschrift (f)	**кол тамга**	kol tamga
unterschreiben (vt)	**кол коюу**	kol kojʉu
Kreditkarte (f)	**насыя картасы**	nasıja kartası
Code (m)	**код**	kod
Kreditkartennummer (f)	**насыя картанын номери**	nasıja kartanın nomeri
Geldautomat (m)	**банкомат**	bankomat
Scheck (m)	**чек**	ʧek
einen Scheck schreiben	**чек жазып берүү**	ʧek ʤazıp beryy
Scheckbuch (n)	**чек китепчеси**	ʧek kiteptʃesi
Darlehen (m)	**насыя**	nasıja
ein Darlehen beantragen	**насыя үчүн кайрылуу**	nasıja yʧyn kajrıluu
ein Darlehen aufnehmen	**насыя алуу**	nasıja aluu
ein Darlehen geben	**насыя берүү**	nasıja beryy
Sicherheit (f)	**кепилдик**	kepildik

98. Telefon. Telefongespräche

Telefon (n)	**телефон**	telefon
Mobiltelefon (n)	**мобилдик**	mobildik
Anrufbeantworter (m)	**автоматтык жооп беруучу**	avtomattık ʤoop beryyʧy
anrufen (vt)	**чалуу**	ʧaluu
Anruf (m)	**чакыруу**	ʧakıruu
eine Nummer wählen	**номер терүү**	nomer teryy
Hallo!	**Алло!**	allo!
fragen (vt)	**суроо**	suroo
antworten (vi)	**жооп берүү**	ʤoop beryy
hören (vt)	**угуу**	uguu
gut (~ aussehen)	**жакшы**	ʤakʃı
schlecht (Adv)	**жаман**	ʤaman
Störungen (pl)	**ызы-чуу**	ızı-ʧuu
Hörer (m)	**трубка**	trubka
den Hörer abnehmen	**трубканы алуу**	trubkanı aluu
auflegen (den Hörer ~)	**трубканы коюу**	trubkanı kojʉu
besetzt	**бош эмес**	boʃ emes
läuten (vi)	**шыңгыроо**	ʃıŋgıroo
Telefonbuch (n)	**телефондук китепче**	telefonduk kiteptʃe
Orts-	**жергиликтүү**	ʤergiliktyy
Ortsgespräch (n)	**жергиликтүү чакыруу**	ʤergiliktyy ʧakıruu
Auslands-	**эл аралык**	el aralık
Auslandsgespräch (n)	**эл аралык чакыруу**	el aralık ʧakıruu
Fern-	**шаар аралык**	ʃaar aralık
Ferngespräch (n)	**шаар аралык чакыруу**	ʃaar aralık ʧakıruu

99. Mobiltelefon

Mobiltelefon (n)	**мобилдик**	mobildik
Display (n)	**дисплей**	displej
Knopf (m)	**баскыч**	baskıʧ
SIM-Karte (f)	**SIM-карта**	sim-karta
Batterie (f)	**батарея**	batareja
leer sein (Batterie)	**заряткасынын түгөнүүсү**	zarʲadkanın tygønyysy
Ladegerät (n)	**заряддоочу шайман**	zarʲaddooʧu ʃajman
Menü (n)	**меню**	menʉ
Einstellungen (pl)	**орнотуулар**	ornotuular
Melodie (f)	**обон**	obon
auswählen (vt)	**тандоо**	tandoo
Rechner (m)	**калькулятор**	kalʲkulʲator
Anrufbeantworter (m)	**автоматтык жооп бергич**	avtomattık ʤoop bergiʧ
Wecker (m)	**ойготкуч**	ojgotkuʧ

Kontakte (pl)	**байланыштар**	bajlanıʃtar
SMS-Nachricht (f)	**SMS-кабар**	esemes-kabar
Teilnehmer (m)	**абонент**	abonent

100. Bürobedarf

Kugelschreiber (m)	**калем сап**	kalem sap
Federhalter (m)	**калем уч**	kalem utʃ
Bleistift (m)	**карандаш**	karandaʃ
Faserschreiber (m)	**маркер**	marker
Filzstift (m)	**фломастер**	flomaster
Notizblock (m)	**дептерче**	deptertʃe
Terminkalender (m)	**күндөлүк**	kyndølyk
Lineal (n)	**сызгыч**	sızgıtʃ
Rechner (m)	**калькулятор**	kalʲkulʲator
Radiergummi (m)	**өчүргүч**	øtʃyrgytʃ
Reißzwecke (f)	**кнопка**	knopka
Heftklammer (f)	**кыскыч**	kıskıtʃ
Klebstoff (m)	**желим**	dʒelim
Hefter (m)	**степлер**	stepler
Locher (m)	**тешкич**	teʃkitʃ
Bleistiftspitzer (m)	**учтагыч**	utʃtagıtʃ

Arbeit. Geschäft. Teil 2

101. Massenmedien

Zeitung (f)	**гезит**	gezit
Zeitschrift (f)	**журнал**	ʤurnal
Presse (f)	**пресса**	pressa
Rundfunk (m)	**үналгы**	ynalgı
Rundfunkstation (f)	**радио толкуну**	radio tolkunu
Fernsehen (n)	**телекөрсөтүү**	telekørsøtyy
Moderator (m)	**алып баруучу**	alıp baruuʧu
Sprecher (m)	**диктор**	diktor
Kommentator (m)	**баяндамачы**	bajandamaʧı
Journalist (m)	**журналист**	ʤurnalist
Korrespondent (m)	**кабарчы**	kabarʧı
Bildberichterstatter (m)	**фотокорреспондент**	fotokorrespondent
Reporter (m)	**репортёр**	reportʲor
Redakteur (m)	**редактор**	redaktor
Chefredakteur (m)	**башкы редактор**	baʃkı redaktor
abonnieren (vt)	**жазылуу**	ʤazıluu
Abonnement (n)	**жазылуу**	ʤazıluu
Abonnent (m)	**жазылуучу**	ʤazıluuʧu
lesen (vi, vt)	**окуу**	okuu
Leser (m)	**окурман**	okurman
Auflage (f)	**нуска**	nuska
monatlich (Adj)	**ай сайын**	aj sajın
wöchentlich (Adj)	**жума сайын**	ʤuma sajın
Ausgabe (Zeitschrift)	**номер**	nomer
neueste (~ Ausgabe)	**жаңы**	ʤaŋı
Titel (m)	**баш аты**	baʃ atı
Notiz (f)	**кыскача макала**	kıskaʧa makala
Rubrik (f)	**рубрика**	rubrika
Artikel (m)	**макала**	makala
Seite (f)	**бет**	bet
Reportage (f)	**репортаж**	reportaʤ
Ereignis (n)	**окуя**	okuja
Sensation (f)	**дүң салуу**	dyŋ saluu
Skandal (m)	**жаңжал**	ʤaŋʤal
skandalös	**жаңжалчы**	ʤaŋʤalʧı
groß (-er Skandal)	**чуулгандуу**	ʧuulganduu
Sendung (f)	**көрсөтүү**	kørsøtyy
Interview (n)	**интервью**	intervjʉ

Live-Übertragung (f)	**түз берүү**	tyz beryy
Kanal (m)	**канал**	kanal

102. Landwirtschaft

Landwirtschaft (f)	**дыйкан чарбачылык**	dıjkan ʧarbaʧılık
Bauer (m)	**дыйкан**	dıjkan
Bäuerin (f)	**дыйкан аял**	dıjkan ajal
Farmer (m)	**фермер**	fermer
Traktor (m)	**трактор**	traktor
Mähdrescher (m)	**комбайн**	kombajn
Pflug (m)	**соко**	soko
pflügen (vt)	**жер айдоо**	ʤer ajdoo
Acker (m)	**айдоо жер**	ajdoo ʤer
Furche (f)	**жөөк**	ʤøøk
säen (vt)	**себүү**	sebyy
Sämaschine (f)	**сеялка**	sejalka
Saat (f)	**эгүү**	egyy
Sense (f)	**чалгы**	ʧalgı
mähen (vt)	**чабуу**	ʧabuu
Schaufel (f)	**күрөк**	kyrøk
graben (vt)	**казуу**	kazuu
Hacke (f)	**кетмен**	ketmen
jäten (vt)	**отоо**	otoo
Unkraut (n)	**отоо чөп**	otoo ʧøp
Gießkanne (f)	**гүл челек**	gyl ʧelek
gießen (vt)	**сугаруу**	sugaruu
Bewässerung (f)	**сугат**	sugat
Heugabel (f)	**айры**	ajrı
Rechen (m)	**тырмоо**	tırmoo
Dünger (m)	**жер семирткич**	ʤer semirtkiʧ
düngen (vt)	**жер семиртүү**	ʤer semirtyy
Mist (m)	**кык**	kık
Feld (n)	**талаа**	talaa
Wiese (f)	**шалбаа**	ʃalbaa
Gemüsegarten (m)	**чарбак**	ʧarbak
Obstgarten (m)	**бакча**	bakʧa
weiden (vt)	**жаюу**	ʤaʤʉu
Hirt (m)	**чабан**	ʧaban
Weide (f)	**жайыт**	ʤajıt
Viehzucht (f)	**мал чарбачылык**	mal ʧarbaʧılık
Schafzucht (f)	**кой чарбачылык**	koj ʧarbaʧılık

Plantage (f)	**плантация**	plantatsija
Beet (n)	**жөөк**	dʒøøk
Treibhaus (n)	**күнөскана**	kynøskana
Dürre (f)	**кургакчылык**	kurgaktʃılık
dürr, trocken	**кургак**	kurgak
Getreide (n)	**дан эгиндери**	dan eginderi
Getreidepflanzen (pl)	**дан эгиндери**	dan eginderi
ernten (vt)	**чаап алуу**	tʃaap aluu
Müller (m)	**тегирменчи**	tegirmentʃi
Mühle (f)	**тегирмен**	tegirmen
mahlen (vt)	**майдалоо**	majdaloo
Mehl (n)	**ун**	un
Stroh (n)	**саман**	saman

103. Gebäude. Bauabwicklung

Baustelle (f)	**курулуш**	kuruluʃ
bauen (vt)	**куруу**	kuruu
Bauarbeiter (m)	**куруучу**	kuruutʃu
Projekt (n)	**долбоор**	dolboor
Architekt (m)	**архитектор**	arχitektor
Arbeiter (m)	**жумушчу**	dʒumuʃtʃu
Fundament (n)	**пайдубал**	pajdubal
Dach (n)	**чатыр**	tʃatır
Pfahl (m)	**казык**	kazık
Wand (f)	**дубал**	dubal
Bewehrungsstahl (m)	**арматура**	armatura
Gerüst (n)	**куруучу тепкичтер**	kuruutʃu tepkitʃter
Beton (m)	**бетон**	beton
Granit (m)	**гранит**	granit
Stein (m)	**таш**	taʃ
Ziegel (m)	**кыш**	kıʃ
Sand (m)	**кум**	kum
Zement (m)	**цемент**	tsement
Putz (m)	**шыбак**	ʃıbak
verputzen (vt)	**шыбоо**	ʃıboo
Farbe (f)	**сыр**	sır
färben (vt)	**боео**	boeo
Fass (n), Tonne (f)	**бочка**	botʃka
Kran (m)	**кран**	kran
aufheben (vt)	**көтөрүү**	køtøryy
herunterlassen (vt)	**түшүрүү**	tyʃyryy
Planierraupe (f)	**бульдозер**	bulʲdozer
Bagger (m)	**экскаватор**	ekskavator

Baggerschaufel (f)	**ковш**	kovʃ
graben (vt)	**казуу**	kazuu
Schutzhelm (m)	**каска**	kaska

Berufe und Tätigkeiten

104. Arbeitsuche. Kündigung

Arbeit (f), Stelle (f)	**иш**	iʃ
Belegschaft (f)	**жамаат**	ʤamaat
Personal (n)	**жамаат курамы**	ʤamaat kuramı
Karriere (f)	**мансап**	mansap
Perspektive (f)	**перспектива**	perspektiva
Können (n)	**чеберчилик**	ʧeberʧilik
Auswahl (f)	**тандоо**	tandoo
Personalagentur (f)	**кадрдык агенттиги**	kadrdık agenttigi
Lebenslauf (m)	**таржымал**	tarʤımal
Vorstellungsgespräch (n)	**аңгемелешүү**	aŋgemeleʃyy
Vakanz (f)	**жумуш орун**	ʤumuʃ orun
Gehalt (n)	**эмгек акы**	emgek akı
festes Gehalt (n)	**маяна**	majana
Arbeitslohn (m)	**акысын төлөө**	akısın tøløø
Stellung (f)	**кызмат орун**	kızmat orun
Pflicht (f)	**милдет**	mildet
Aufgabenspektrum (n)	**милдеттенмелер**	mildettenmeler
beschäftigt	**бош эмес**	boʃ emes
kündigen (vt)	**бошотуу**	boʃotuu
Kündigung (f)	**бошотуу**	boʃotuu
Arbeitslosigkeit (f)	**жумушсуздук**	ʤumuʃsuzduk
Arbeitslose (m)	**жумушсуз**	ʤumuʃsuz
Rente (f), Ruhestand (m)	**баараkы**	baarakı
in Rente gehen	**ардактуу эс алууга чыгуу**	ardaktuu es aluuga ʧıguu

105. Geschäftsleute

Direktor (m)	**директор**	direktor
Leiter (m)	**башкаруучу**	baʃkaruuʧu
Boss (m)	**башкаруучу**	baʃkaruuʧu
Vorgesetzte (m)	**башчы**	baʃʧı
Vorgesetzten (pl)	**башчылар**	baʃʧılar
Präsident (m)	**президент**	prezident
Vorsitzende (m)	**төрага**	tøraga
Stellvertreter (m)	**орун басар**	orun basar
Helfer (m)	**жардамчы**	ʤardamʧı

Sekretär (m)	**катчы**	katʧı
Privatsekretär (m)	**жеке катчы**	ʤeke katʧı
Geschäftsmann (m)	**бизнесмен**	biznesmen
Unternehmer (m)	**ишкер**	iʃker
Gründer (m)	**негиздөөчү**	negizdøøʧy
gründen (vt)	**негиздөө**	negizdøø
Gründungsmitglied (n)	**уюмдаштыруучу**	ujʉmdaʃtıruuʧu
Partner (m)	**өнөктөш**	ønøktøʃ
Aktionär (m)	**акция кармоочу**	akʦija karmooʧu
Millionär (m)	**миллионер**	millioner
Milliardär (m)	**миллиардер**	milliarder
Besitzer (m)	**ээси**	eesi
Landbesitzer (m)	**жер ээси**	ʤer eesi
Kunde (m)	**кардар**	kardar
Stammkunde (m)	**туруктуу кардар**	turuktuu kardar
Käufer (m)	**сатып алуучу**	satıp aluuʧu
Besucher (m)	**келүүчү**	kelyyʧy
Fachmann (m)	**кесипкөй**	kesipkøj
Experte (m)	**ишбилги**	iʃbilgi
Spezialist (m)	**адис**	adis
Bankier (m)	**банкир**	bankir
Makler (m)	**далдалчы**	daldalʧı
Kassierer (m)	**кассир**	kassir
Buchhalter (m)	**бухгалтер**	buχgalter
Wächter (m)	**кароолчу**	karoolʧu
Investor (m)	**салым кошуучу**	salım koʃuuʧu
Schuldner (m)	**карыздар**	karızdar
Gläubiger (m)	**насыя алуучу**	nasıja aluuʧu
Kreditnehmer (m)	**карызга алуучу**	karızga aluuʧu
Importeur (m)	**импорттоочу**	importtooʧu
Exporteur (m)	**экспорттоочу**	eksporttooʧu
Hersteller (m)	**өндүрүүчү**	øndyryyʧy
Distributor (m)	**дистрибьютор**	distribjʉtor
Vermittler (m)	**ортомчу**	ortomʧu
Berater (m)	**кеңешчи**	keŋeʃʧi
Vertreter (m)	**сатуу агенти**	satuu agenti
Agent (m)	**агент**	agent
Versicherungsagent (m)	**камсыздандыруучу агент**	kamsızdandıruuʧu agent

106. Dienstleistungsberufe

Koch (m)	**ашпозчу**	aʃpozʧu
Chefkoch (m)	**башкы ашпозчу**	baʃkı aʃpozʧu

Bäcker (m)	**навайчы**	navajtʃı
Barmixer (m)	**бармен**	barmen
Kellner (m)	**официант**	ofitsiant
Kellnerin (f)	**официант кыз**	ofitsiant kız
Rechtsanwalt (m)	**жактоочу**	dʒaktootʃu
Jurist (m)	**юрист**	jʉrist
Notar (m)	**нотариус**	notarius
Elektriker (m)	**электрик**	elektrik
Klempner (m)	**сантехник**	santeχnik
Zimmermann (m)	**жыгач уста**	dʒıgatʃ usta
Masseur (m)	**укалоочу**	ukalootʃu
Masseurin (f)	**укалоочу**	ukalootʃu
Arzt (m)	**доктур**	doktur
Taxifahrer (m)	**такси айдоочу**	taksi ajdootʃu
Fahrer (m)	**айдоочу**	ajdootʃu
Ausfahrer (m)	**жеткирүүчү**	dʒetkiryytʃy
Zimmermädchen (n)	**үй кызматкери**	yj kızmatkeri
Wächter (m)	**кароолчу**	karooltʃu
Flugbegleiterin (f)	**стюардесса**	stʉardessa
Lehrer (m)	**мугалим**	mugalim
Bibliothekar (m)	**китепканачы**	kitepkanatʃı
Übersetzer (m)	**котормочу**	kotormotʃu
Dolmetscher (m)	**оозеки котормочу**	oozeki kotormotʃu
Fremdenführer (m)	**гид**	gid
Friseur (m)	**чач тарач**	tʃatʃ taratʃ
Briefträger (m)	**кат ташуучу**	kat taʃuutʃu
Verkäufer (m)	**сатуучу**	satuutʃu
Gärtner (m)	**багбанчы**	bagbantʃı
Diener (m)	**үй кызматчы**	yj kızmattʃı
Magd (f)	**үй кызматчы аял**	yj kızmattʃı ajal
Putzfrau (f)	**тазалагыч**	tazalagıtʃ

107. Militärdienst und Ränge

einfacher Soldat (m)	**катардагы жоокер**	katardagı dʒooker
Feldwebel (m)	**сержант**	serdʒant
Leutnant (m)	**лейтенант**	lejtenant
Hauptmann (m)	**капитан**	kapitan
Major (m)	**майор**	major
Oberst (m)	**полковник**	polkovnik
General (m)	**генерал**	general
Marschall (m)	**маршал**	marʃal
Admiral (m)	**адмирал**	admiral
Militärperson (f)	**аскер кызматчысы**	asker kızmattʃısı
Soldat (m)	**аскер**	asker

Offizier (m)	**офицер**	ofitser
Kommandeur (m)	**командир**	komandir
Grenzsoldat (m)	**чек арачы**	ʧek araʧı
Funker (m)	**радист**	radist
Aufklärer (m)	**чалгынчы**	ʧalgınʧı
Pionier (m)	**сапёр**	sapʲor
Schütze (m)	**аткыч**	atkıʧ
Steuermann (m)	**штурман**	ʃturman

108. Beamte. Priester

König (m)	**король, падыша**	korolʲ, padıʃa
Königin (f)	**ханыша**	χanıʃa
Prinz (m)	**канзаада**	kanzaada
Prinzessin (f)	**ханбийке**	χanbijke
Zar (m)	**падыша**	padıʃa
Zarin (f)	**ханыша**	χanıʃa
Präsident (m)	**президент**	prezident
Minister (m)	**министр**	ministr
Ministerpräsident (m)	**премьер-министр**	premjer-ministr
Senator (m)	**сенатор**	senator
Diplomat (m)	**дипломат**	diplomat
Konsul (m)	**консул**	konsul
Botschafter (m)	**элчи**	elʧi
Ratgeber (m)	**кеңешчи**	keŋeʃʧi
Beamte (m)	**аткаминер**	atkaminer
Präfekt (m)	**префект**	prefekt
Bürgermeister (m)	**мэр**	mer
Richter (m)	**сот**	sot
Staatsanwalt (m)	**прокурор**	prokuror
Missionar (m)	**миссионер**	missioner
Mönch (m)	**кечил**	keʧil
Abt (m)	**аббат**	abbat
Rabbiner (m)	**раввин**	ravvin
Wesir (m)	**визирь**	vizirʲ
Schah (n)	**шах**	ʃaχ
Scheich (m)	**шейх**	ʃejχ

109. Landwirtschaftliche Berufe

Bienenzüchter (m)	**балчы**	balʧı
Hirt (m)	**чабан**	ʧaban
Agronom (m)	**агроном**	agronom

Viehzüchter (m)	**малчы**	maltʃı
Tierarzt (m)	**мал доктуру**	mal dokturu
Farmer (m)	**фермер**	fermer
Winzer (m)	**вино жасоочу**	vino ʤasootʃu
Zoologe (m)	**зоолог**	zoolog
Cowboy (m)	**ковбой**	kovboj

110. Künstler

Schauspieler (m)	**актёр**	aktʲor
Schauspielerin (f)	**актриса**	aktrisa
Sänger (m)	**ырчы**	ırtʃı
Sängerin (f)	**ырчы кыз**	ırtʃı kız
Tänzer (m)	**бийчи жигит**	bijtʃi ʤigit
Tänzerin (f)	**бийчи кыз**	bijtʃi kız
Künstler (m)	**аткаруучу**	atkaruutʃu
Künstlerin (f)	**аткаруучу**	atkaruutʃu
Musiker (m)	**музыкант**	muzıkant
Pianist (m)	**пианист**	pianist
Gitarrist (m)	**гитарист**	gitarist
Dirigent (m)	**дирижёр**	diriʤʲor
Komponist (m)	**композитор**	kompozitor
Manager (m)	**импресарио**	impresario
Regisseur (m)	**режиссёр**	reʤissʲor
Produzent (m)	**продюсер**	produser
Drehbuchautor (m)	**сценарист**	stsenarist
Kritiker (m)	**сынчы**	sıntʃı
Schriftsteller (m)	**жазуучу**	ʤazuutʃu
Dichter (m)	**акын**	akın
Bildhauer (m)	**бедизчи**	bediztʃi
Maler (m)	**сүрөтчү**	syrøttʃy
Jongleur (m)	**жонглёр**	ʤonglʲor
Clown (m)	**маскарапоз**	maskarapoz
Akrobat (m)	**акробат**	akrobat
Zauberkünstler (m)	**көз боечу**	køz boetʃu

111. Verschiedene Berufe

Arzt (m)	**доктур**	doktur
Krankenschwester (f)	**медсестра**	medsestra
Psychiater (m)	**психиатр**	psiχiatr
Zahnarzt (m)	**тиш доктур**	tiʃ doktur
Chirurg (m)	**хирург**	χirurg

Astronaut (m)	**астронавт**	astronavt
Astronom (m)	**астроном**	astronom
Pilot (m)	**учкуч**	uʧkuʧ
Fahrer (Taxi-)	**айдоочу**	ajdooʧu
Lokomotivführer (m)	**машинист**	maʃinist
Mechaniker (m)	**механик**	meχanik
Bergarbeiter (m)	**кенчи**	kenʧi
Arbeiter (m)	**жумушчу**	ʤumuʃʧu
Schlosser (m)	**слесарь**	slesarʲ
Tischler (m)	**жыгач уста**	ʤɪgaʧ usta
Dreher (m)	**токарь**	tokarʲ
Bauarbeiter (m)	**куруучу**	kuruuʧu
Schweißer (m)	**ширеткич**	ʃiretkiʧ
Professor (m)	**профессор**	professor
Architekt (m)	**архитектор**	arχitektor
Historiker (m)	**тарыхчы**	tarɪχʧɪ
Wissenschaftler (m)	**илимпоз**	ilimpoz
Physiker (m)	**физик**	fizik
Chemiker (m)	**химик**	χimik
Archäologe (m)	**археолог**	arχeolog
Geologe (m)	**геолог**	geolog
Forscher (m)	**изилдөөчү**	izildøøʧy
Kinderfrau (f)	**бала баккыч**	bala bakkɪʧ
Lehrer (m)	**мугалим**	mugalim
Redakteur (m)	**редактор**	redaktor
Chefredakteur (m)	**башкы редактор**	baʃkɪ redaktor
Korrespondent (m)	**кабарчы**	kabarʧɪ
Schreibkraft (f)	**машинистка**	maʃinistka
Designer (m)	**дизайнер**	dizajner
Computerspezialist (m)	**компьютер адиси**	kompjʉter adisi
Programmierer (m)	**программист**	programmist
Ingenieur (m)	**инженер**	inʤener
Seemann (m)	**деңизчи**	deŋizʧi
Matrose (m)	**матрос**	matros
Retter (m)	**куткаруучу**	kutkaruuʧu
Feuerwehrmann (m)	**өрт өчүргүч**	ørt øʧyrgyʧ
Polizist (m)	**полиция кызматкери**	politsija kɪzmatkeri
Nachtwächter (m)	**кароолчу**	karoolʧu
Detektiv (m)	**аңдуучу**	aŋduuʧu
Zollbeamter (m)	**бажы кызматкери**	baʤɪ kɪzmatkeri
Leibwächter (m)	**жан сакчы**	ʤan sakʧɪ
Gefängniswärter (m)	**күзөтчү**	kyzøtʧy
Inspektor (m)	**инспектор**	inspektor
Sportler (m)	**спортчу**	sportʧu
Trainer (m)	**машыктыруучу**	maʃɪktɪruuʧu

Fleischer (m)	**касапчы**	kasaptʃı
Schuster (m)	**өтүкчү**	øtyktʃy
Geschäftsmann (m)	**жеке соодагер**	dʒeke soodager
Ladearbeiter (m)	**жүк ташуучу**	dʒyk taʃuutʃu
Modedesigner (m)	**модельер**	modeljer
Modell (n)	**модель**	modelʲ

112. Beschäftigung. Sozialstatus

Schüler (m)	**окуучу**	okuutʃu
Student (m)	**студент**	student
Philosoph (m)	**философ**	filosof
Ökonom (m)	**экономист**	ekonomist
Erfinder (m)	**ойлоп табуучу**	ojlop tabuutʃu
Arbeitslose (m)	**жумушсуз**	dʒumuʃsuz
Rentner (m)	**баргер**	baarger
Spion (m)	**тыңчы**	tıŋtʃı
Gefangene (m)	**камактагы адам**	kamaktagı adam
Streikender (m)	**иш калтыргыч**	iʃ kaltırgıtʃ
Bürokrat (m)	**бюрократ**	bʉrokrat
Reisende (m)	**саякатчы**	sajakattʃı
Homosexuelle (m)	**гомосексуалист**	gomoseksualist
Hacker (m)	**хакер**	χaker
Hippie (m)	**хиппи**	χippi
Bandit (m)	**ууру-кески**	uuru-keski
Killer (m)	**жалданма киши өлтүргүч**	dʒaldanma kiʃi øltyrgytʃ
Drogenabhängiger (m)	**баңги**	baŋgi
Drogenhändler (m)	**баңгизат сатуучу**	baŋgizat satuutʃu
Prostituierte (f)	**сойку**	sojku
Zuhälter (m)	**жан бакты**	dʒan baktı
Zauberer (m)	**жадыгөй**	dʒadıgøj
Zauberin (f)	**жадыгөй**	dʒadıgøj
Seeräuber (m)	**деңиз каракчысы**	deŋiz karaktʃısı
Sklave (m)	**кул**	kul
Samurai (m)	**самурай**	samuraj
Wilde (m)	**жапайы**	dʒapajı

Sport

113. Sportarten. Persönlichkeiten des Sports

Sportler (m)	**спортчу**	sporttʃu
Sportart (f)	**спорттун түрү**	sporttun tyry
Basketball (m)	**баскетбол**	basketbol
Basketballspieler (m)	**баскетбол ойноочу**	basketbol ojnootʃu
Baseball (m, n)	**бейсбол**	bejsbol
Baseballspieler (m)	**бейсбол ойноочу**	bejsbol ojnootʃu
Fußball (m)	**футбол**	futbol
Fußballspieler (m)	**футбол ойноочу**	futbol ojnootʃu
Torwart (m)	**дарбазачы**	darbazatʃı
Eishockey (n)	**хоккей**	χokkej
Eishockeyspieler (m)	**хоккей ойноочу**	χokkej ojnootʃu
Volleyball (m)	**волейбол**	volejbol
Volleyballspieler (m)	**волейбол ойноочу**	volejbol ojnootʃu
Boxen (n)	**бокс**	boks
Boxer (m)	**бокс мушташуучу**	boks muʃtaʃuutʃu
Ringen (n)	**күрөш**	kyrøʃ
Ringkämpfer (m)	**күрөшчү**	kyrøʃtʃy
Karate (n)	**карате**	karate
Karatekämpfer (m)	**карате мушташуучу**	karate muʃtaʃuutʃu
Judo (n)	**дзюдо**	dzʉdo
Judoka (m)	**дзюдо чалуучу**	dzʉdo tʃaluutʃu
Tennis (n)	**теннис**	tennis
Tennisspieler (m)	**теннис ойноочу**	tennis ojnootʃu
Schwimmen (n)	**сүзүү**	syzyy
Schwimmer (m)	**сүзүүчү**	syzyytʃy
Fechten (n)	**кылычташуу**	kılıtʃtaʃuu
Fechter (m)	**кылычташуучу**	kılıtʃtaʃuutʃu
Schach (n)	**шахмат**	ʃaχmat
Schachspieler (m)	**шахмат ойноочу**	ʃaχmat ojnootʃu
Bergsteigen (n)	**альпинизм**	alʲpinizm
Bergsteiger (m)	**альпинист**	alʲpinist
Lauf (m)	**чуркоо**	tʃurkoo

Läufer (m)	**жөө күлүк**	ʤøø kylyk
Leichtathletik (f)	**жеңил атлетика**	ʤeŋil atletika
Athlet (m)	**атлет**	atlet
Pferdesport (m)	**ат спорту**	at sportu
Reiter (m)	**чабандес**	ʧabandes
Eiskunstlauf (m)	**муз бийи**	muz biji
Eiskunstläufer (m)	**муз бийчи**	muz bijʧi
Eiskunstläuferin (f)	**муз бийчи**	muz bijʧi
Gewichtheben (n)	**оор атлетика**	oor atletika
Gewichtheber (m)	**оор атлет**	oor atlet
Autorennen (n)	**авто жарыш**	avto ʤarɪʃ
Rennfahrer (m)	**гонщик**	gonʃʧik
Radfahren (n)	**велоспорт**	velosport
Radfahrer (m)	**велосипед тебүүчү**	velosiped tebyyʧy
Weitsprung (m)	**узундукка секирүү**	uzundukka sekiryy
Stabhochsprung (m)	**шырык менен секирүү**	ʃɪrɪk menen sekiryy
Springer (m)	**секирүүчү**	sekiryyʧy

114. Sportarten. Verschiedenes

American Football (m)	**американский футбол**	amerikanskij futbol
Federballspiel (n)	**бадминтон**	badminton
Biathlon (n)	**биатлон**	biatlon
Billard (n)	**бильярд**	biljard
Bob (m)	**бобслей**	bobslej
Bodybuilding (n)	**бодибилдинг**	bodibilding
Wasserballspiel (n)	**суу полосу**	suu polosu
Handball (m)	**гандбол**	gandbol
Golf (n)	**гольф**	golʲf
Rudern (n)	**калакты уруу**	kalaktɪ uruu
Tauchen (n)	**сууга чөмүүчү**	suuga ʧømyyʧy
Skilanglauf (m)	**чаңгы жарышы**	ʧaŋgɪ ʤarɪʃɪ
Tischtennis (n)	**стол тенниси**	stol tennisi
Segelsport (m)	**парус астында сызуу**	parus astɪnda sɪzuu
Rallye (f, n)	**ралли**	ralli
Rugby (n)	**регби**	regbi
Snowboard (n)	**сноуборд**	snoubord
Bogenschießen (n)	**жаа атуу**	ʤaa atuu

115. Fitnessstudio

Hantel (f)	**штанга**	ʃtanga
Hanteln (pl)	**гантелдер**	gantelder

Trainingsgerät (n)	**машыгуу машине**	maʃɪguu maʃine
Fahrradtrainer (m)	**велотренажёр**	velotrenadʒʲor
Laufband (n)	**тегеретме**	tegeretme
Reck (n)	**көпүрө жыгач**	køpyrø dʒɪgatʃ
Barren (m)	**брусдар**	brusdar
Sprungpferd (n)	**ат**	at
Matte (f)	**мат**	mat
Sprungseil (n)	**секиргич**	sekirgitʃ
Aerobic (n)	**аэробика**	aerobika
Yoga (m)	**йога**	joga

116. Sport. Verschiedenes

Olympische Spiele (pl)	**Олимпиада Оюндары**	olimpiada ojʉndarı
Sieger (m)	**жеңүүчү**	dʒeŋyytʃy
siegen (vi)	**жеңүү**	dʒeŋyy
gewinnen (Sieger sein)	**утуу**	utuu
Tabellenführer (m)	**топ башы**	top baʃı
führen (vi)	**топ башында болуу**	top baʃında boluu
der erste Platz	**биринчи орун**	birintʃi orun
der zweite Platz	**экинчи орун**	ekintʃi orun
der dritte Platz	**үчүнчү орун**	ytʃyntʃy orun
Medaille (f)	**медаль**	medalʲ
Trophäe (f)	**трофей**	trofej
Pokal (m)	**кубок**	kubok
Siegerpreis m (m)	**байге**	bajge
Hauptpreis (m)	**баш байге**	baʃ bajge
Rekord (m)	**рекорд**	rekord
einen Rekord aufstellen	**рекорд коюу**	rekord kojʉu
Finale (n)	**финал**	final
Final-	**финалдык**	finaldık
Meister (m)	**чемпион**	tʃempion
Meisterschaft (f)	**чемпионат**	tʃempionat
Stadion (n)	**стадион**	stadion
Tribüne (f)	**трибуна**	tribuna
Fan (m)	**күйөрман**	kyjørman
Gegner (m)	**каршылаш**	karʃılaʃ
Start (m)	**старт**	start
Ziel (n), Finish (n)	**маара**	maara
Niederlage (f)	**утулуу**	utuluu
verlieren (vt)	**жеңилүү**	dʒeŋilyy
Schiedsrichter (m)	**судья**	sudja
Jury (f)	**калыстар**	kalıstar

Ergebnis (n)	**эсеп**	esep
Unentschieden (n)	**теңме-тең**	teŋme-teŋ
unentschieden spielen	**теңме-тең бүтүрүү**	teŋme-teŋ bytyryy
Punkt (m)	**упай**	upaj
Ergebnis (n)	**натыйжа**	natıjʤa
Spielabschnitt (m)	**убак**	ubak
Halbzeit (f), Pause (f)	**тыныгуу**	tınıguu
Doping (n)	**допинг**	doping
bestrafen (vt)	**жазалоо**	ʤazaloo
disqualifizieren (vt)	**дисквалифициялоо**	diskvalifiʦijaloo
Sportgerät (n)	**снаряд**	snarʲad
Speer (m)	**найза**	najza
Kugel (im Kugelstoßen)	**ядро**	jadro
Kugel (f), Ball (m)	**бильярд шары**	biljard ʃarı
Ziel (n)	**бута**	buta
Zielscheibe (f)	**бута**	buta
schießen (vi)	**атуу**	atuu
genau (Adj)	**таамай**	taamaj
Trainer (m)	**машыктыруучу**	maʃıktıruuʧu
trainieren (vt)	**машыктыруу**	maʃıktıruu
trainieren (vi)	**машыгуу**	maʃıguu
Training (n)	**машыгуу**	maʃıguu
Turnhalle (f)	**спортзал**	sportzal
Übung (f)	**көнүгүү**	kønygyy
Aufwärmen (n)	**дене керүү**	dene keryy

Ausbildung

117. Schule

Schule (f)	**мектеп**	mektep
Schulleiter (m)	**мектеп директору**	mektep direktoru
Schüler (m)	**окуучу бала**	okuuʧu bala
Schülerin (f)	**окуучу кыз**	okuuʧu kız
Schuljunge (m)	**окуучу**	okuuʧu
Schulmädchen (f)	**окуучу кыз**	okuuʧu kız
lehren (vt)	**окутуу**	okutuu
lernen (Englisch ~)	**окуу**	okuu
auswendig lernen	**жаттоо**	ʤattoo
lernen (vi)	**үйрөнүү**	yjrønyy
in der Schule sein	**мектепке баруу**	mektepke baruu
die Schule besuchen	**окууга баруу**	okuuga baruu
Alphabet (n)	**алфавит**	alfavit
Fach (n)	**сабак**	sabak
Klassenraum (m)	**класс**	klass
Stunde (f)	**сабак**	sabak
Pause (f)	**танапис**	tanapis
Schulglocke (f)	**коңгуроо**	koŋguroo
Schulbank (f)	**парта**	parta
Tafel (f)	**такта**	takta
Note (f)	**баа**	baa
gute Note (f)	**жакшы баа**	ʤakʃı baa
schlechte Note (f)	**жаман баа**	ʤaman baa
eine Note geben	**баа коюу**	baa kojʉu
Fehler (m)	**ката**	kata
Fehler machen	**ката кетирүү**	kata ketiryy
korrigieren (vt)	**түзөтүү**	tyzøtyy
Spickzettel (m)	**шпаргалка**	ʃpargalka
Hausaufgabe (f)	**үй иши**	yj iʃi
Übung (f)	**көнүгүү**	kønygyy
anwesend sein	**катышуу**	katıʃuu
fehlen (in der Schule ~)	**келбей калуу**	kelbej kaluu
versäumen (Schule ~)	**сабактарды калтыруу**	sabaktardı kaltıruu
bestrafen (vt)	**жазалоо**	ʤazaloo
Strafe (f)	**жаза**	ʤaza
Benehmen (n)	**жүрүм-турум**	ʤyrym-turum

Zeugnis (n)	**күндөлүк**	kyndølyk
Bleistift (m)	**карандаш**	karandaʃ
Radiergummi (m)	**өчүргүч**	øʧyrgyʧ
Kreide (f)	**бор**	bor
Federkasten (m)	**калем салгыч**	kalem salgıʧ
Schulranzen (m)	**портфель**	portfelʲ
Kugelschreiber, Stift (m)	**калем сап**	kalem sap
Heft (n)	**дептер**	depter
Lehrbuch (n)	**китеп**	kitep
Zirkel (m)	**циркуль**	ʦırkulʲ
zeichnen (vt)	**чийүү**	ʧijyy
Zeichnung (f)	**чийме**	ʧijme
Gedicht (n)	**ыр сап**	ır sap
auswendig (Adv)	**жатка**	ʤatka
auswendig lernen	**жаттоо**	ʤattoo
Ferien (pl)	**эс алуу**	es aluu
in den Ferien sein	**эс алууда болуу**	es aluuda boluu
Ferien verbringen	**эс алууну өткөзүү**	es aluunu øtkøzyy
Test (m), Prüfung (f)	**текшерүү иш**	tekʃeryy iʃ
Aufsatz (m)	**дил баян**	dil bajan
Diktat (n)	**жат жаздыруу**	ʤat ʤazdıruu
Prüfung (f)	**экзамен**	ekzamen
Prüfungen ablegen	**экзамен тапшыруу**	ekzamen tapʃıruu
Experiment (n)	**тажрыйба**	taʤrıjba

118. Hochschule. Universität

Akademie (f)	**академия**	akademija
Universität (f)	**университет**	universitet
Fakultät (f)	**факультет**	fakulʲtet
Student (m)	**студент бала**	student bala
Studentin (f)	**студент кыз**	student kız
Lehrer (m)	**мугалим**	mugalim
Hörsaal (m)	**дарскана**	darskana
Hochschulabsolvent (m)	**окуу жайды бүтүрүүчү**	okuu ʤajdı bytyryyʧy
Diplom (n)	**диплом**	diplom
Dissertation (f)	**диссертация**	dissertaʦija
Forschung (f)	**изилдөө**	izildøø
Labor (n)	**лаборатория**	laboratorija
Vorlesung (f)	**лекция**	lekʦija
Kommilitone (m)	**курсташ**	kurstaʃ
Stipendium (n)	**стипендия**	stipendija
akademischer Grad (m)	**илимий даража**	ilimij daraʤa

119. Naturwissenschaften. Fächer

Mathematik (f)	**математика**	matematika
Algebra (f)	**алгебра**	algebra
Geometrie (f)	**геометрия**	geometrija
Astronomie (f)	**астрономия**	astronomija
Biologie (f)	**биология**	biologija
Erdkunde (f)	**география**	geografija
Geologie (f)	**геология**	geologija
Geschichte (f)	**тарых**	tarıχ
Medizin (f)	**медицина**	meditsina
Pädagogik (f)	**педагогика**	pedagogika
Recht (n)	**укук**	ukuk
Physik (f)	**физика**	fizika
Chemie (f)	**химия**	χimija
Philosophie (f)	**философия**	filosofija
Psychologie (f)	**психология**	psiχologija

120. Schrift Rechtschreibung

Grammatik (f)	**грамматика**	grammatika
Lexik (f)	**лексика**	leksika
Phonetik (f)	**фонетика**	fonetika
Substantiv (n)	**зат атооч**	zat atootʃ
Adjektiv (n)	**сын атооч**	sın atootʃ
Verb (n)	**этиш**	etiʃ
Adverb (n)	**тактооч**	taktootʃ
Pronomen (n)	**ат атооч**	at atootʃ
Interjektion (f)	**сырдык сөз**	sırdık søz
Präposition (f)	**препозиция**	prepozitsija
Wurzel (f)	**сөздүн уңгусу**	søzdyn uŋgusu
Endung (f)	**жалгоо**	ʤalgoo
Vorsilbe (f)	**префикс**	prefiks
Silbe (f)	**муун**	muun
Suffix (n), Nachsilbe (f)	**суффикс**	suffiks
Betonung (f)	**басым**	basım
Apostroph (m)	**апостроф**	apostrof
Punkt (m)	**чекит**	tʃekit
Komma (n)	**үтүр**	ytyr
Semikolon (n)	**чекитүү үтүр**	tʃekityy ytyr
Doppelpunkt (m)	**кош чекит**	koʃ tʃekit
Auslassungspunkte (pl)	**көп чекит**	køp tʃekit
Fragezeichen (n)	**суроо белгиси**	suroo belgisi
Ausrufezeichen (n)	**илеп белгиси**	ilep belgisi

Anführungszeichen (pl)	**тырмакча**	tırmaktʃa
in Anführungszeichen	**тырмакчага алынган**	tırmaktʃaga alıngan
runde Klammern (pl)	**кашаа**	kaʃaa
in Klammern	**кашаага алынган**	kaʃaaga alıngan
Bindestrich (m)	**дефис**	defis
Gedankenstrich (m)	**тире**	tire
Leerzeichen (n)	**аралык**	aralık
Buchstabe (m)	**тамга**	tamga
Großbuchstabe (m)	**баш тамга**	baʃ tamga
Vokal (m)	**үндүү тыбыш**	yndyy tıbıʃ
Konsonant (m)	**үнсүз тыбыш**	ynsyz tıbıʃ
Satz (m)	**сүйлөм**	syjløm
Subjekt (n)	**сүйлөмдүн ээси**	syjlømdyn eesi
Prädikat (n)	**баяндооч**	bajandootʃ
Zeile (f)	**сап**	sap
in einer neuen Zeile	**жаңы сап**	dʒaŋı sap
Absatz (m)	**абзац**	abzats
Wort (n)	**сөз**	søz
Wortverbindung (f)	**сөз айкашы**	søz ajkaʃı
Redensart (f)	**туюнтма**	tujʉntma
Synonym (n)	**синоним**	sinonim
Antonym (n)	**антоним**	antonim
Regel (f)	**эреже**	eredʒe
Ausnahme (f)	**чектен чыгаруу**	tʃekten tʃıgaruu
richtig (Adj)	**туура**	tuura
Konjugation (f)	**жактоо**	dʒaktoo
Deklination (f)	**жөндөлүш**	dʒøndølyʃ
Kasus (m)	**жөндөмө**	dʒøndømø
Frage (f)	**суроо**	suroo
unterstreichen (vt)	**баса белгилөө**	basa belgiløø
punktierte Linie (f)	**пунктир**	punktir

121. Fremdsprachen

Sprache (f)	**тил**	til
Fremd-	**чет**	tʃet
Fremdsprache (f)	**чет тил**	tʃet til
studieren (z.B. Jura ~)	**окуу**	okuu
lernen (Englisch ~)	**үйрөнүү**	yjrønyy
lesen (vi, vt)	**окуу**	okuu
sprechen (vi, vt)	**сүйлөө**	syjløø
verstehen (vt)	**түшүнүү**	tyʃynyy
schreiben (vi, vt)	**жазуу**	dʒazuu
schnell (Adv)	**тез**	tez
langsam (Adv)	**жай**	dʒaj

fließend (Adv)	**эркин**	erkin
Regeln (pl)	**эрежелер**	eredʒeler
Grammatik (f)	**грамматика**	grammatika
Vokabular (n)	**лексика**	leksika
Phonetik (f)	**фонетика**	fonetika
Lehrbuch (n)	**китеп**	kitep
Wörterbuch (n)	**сөздүк**	søzdyk
Selbstlernbuch (n)	**өзү үйрөткүч**	øzy yjrøtkyʧ
Sprachführer (m)	**тилачар**	tilaʧar
Kassette (f)	**кассета**	kasseta
Videokassette (f)	**видеокассета**	videokasseta
CD (f)	**CD, компакт-диск**	sidi, kompakt-disk
DVD (f)	**DVD-диск**	dividi-disk
Alphabet (n)	**алфавит**	alfavit
buchstabieren (vt)	**эжелеп айтуу**	edʒelep ajtuu
Aussprache (f)	**айтылышы**	ajtılıʃı
Akzent (m)	**акцент**	aktsent
mit Akzent	**акцент менен**	aktsent menen
ohne Akzent	**акцентсиз**	aktsentsiz
Wort (n)	**сөз**	søz
Bedeutung (f)	**маани**	maani
Kurse (pl)	**курстар**	kurstar
sich einschreiben	**курска жазылуу**	kurska dʒazıluu
Lehrer (m)	**окутуучу**	okutuuʧu
Übertragung (f)	**которуу**	kotoruu
Übersetzung (f)	**котормо**	kotormo
Übersetzer (m)	**котормочу**	kotormoʧu
Dolmetscher (m)	**оозеки котормочу**	oozeki kotormoʧu
Polyglott (m, f)	**полиглот**	poliglot
Gedächtnis (n)	**эс тутум**	es tutum

122. Märchenfiguren

Weihnachtsmann (m)	**Санта Клаус**	santa klaus
Aschenputtel (n)	**Күлала кыз**	kylala kız
Nixe (f)	**суу periси**	suu perisi
Neptun (m)	**Нептун**	neptun
Zauberer (m)	**сыйкырчы**	sıjkırʧı
Zauberin (f)	**сыйкырчы**	sıjkırʧı
magisch, Zauber-	**сыйкырдуу**	sıjkırduu
Zauberstab (m)	**сыйкырлуу таякча**	sıjkırluu tajakʧa
Märchen (n)	**жомок**	dʒomok
Wunder (n)	**керемет**	keremet
Zwerg (m)	**эргежээл**	ergedʒeel

sich verwandeln in ...	**...га айлануу**	...ga ajlanuu
Geist (m)	**арбак**	arbak
Gespenst (n)	**көрүнчү**	kørynʧy
Ungeheuer (n)	**желмогуз**	ʤelmoguz
Drache (m)	**ажыдаар**	aʤɪdaar
Riese (m)	**дөө**	døø

123. Sternzeichen

Widder (m)	**Кой**	koj
Stier (m)	**Букачар**	bukaʧar
Zwillinge (pl)	**Эгиздер**	egizder
Krebs (m)	**Рак**	rak
Löwe (m)	**Арстан**	arstan
Jungfrau (f)	**Суу пери**	suu peri
Waage (f)	**Тараза**	taraza
Skorpion (m)	**Чаян**	ʧajan
Schütze (m)	**Жаачы**	ʤaaʧɪ
Steinbock (m)	**Текечер**	teketʃer
Wassermann (m)	**Суу куяр**	suu kujar
Fische (pl)	**Балыктар**	balɪktar
Charakter (m)	**мүнөз**	mynøz
Charakterzüge (pl)	**мүнөздүн түрү**	mynøzdyn tyry
Benehmen (n)	**жүрүм-турум**	ʤyrym-turum
wahrsagen (vt)	**төлгө ачуу**	tølgø aʧuu
Wahrsagerin (f)	**көз ачык**	køz aʧɪk
Horoskop (n)	**жылдыз төлгө**	ʤɪldɪz tølgø

Kunst

124. Theater

Theater (n)	**театр**	teatr
Oper (f)	**опера**	opera
Operette (f)	**оперетта**	operetta
Ballett (n)	**балет**	balet
Theaterplakat (n)	**афиша**	afiʃa
Truppe (f)	**труппа**	truppa
Tournee (f)	**гастрольго чыгуу**	gastrolʲgo ʧɪguu
auf Tournee sein	**гастрольдо жүрүү**	gastrolʲdo ʤyryy
proben (vt)	**репетиция кылуу**	repetiʦija kɪluu
Probe (f)	**репетиция**	repetiʦija
Spielplan (m)	**репертуар**	repertuar
Aufführung (f)	**көрсөтүү**	kørsøtyy
Vorstellung (f)	**спектакль**	spektaklʲ
Theaterstück (n)	**пьеса**	pjesa
Karte (f)	**билет**	bilet
Theaterkasse (f)	**билет кассасы**	bilet kassasɪ
Halle (f)	**холл**	χoll
Garderobe (f)	**гардероб**	garderob
Garderobennummer (f)	**номерок**	nomerok
Opernglas (n)	**дүрбү**	dyrby
Platzanweiser (m)	**текшерүүчү**	tekʃeryyʧy
Parkett (n)	**партер**	parter
Balkon (m)	**балкон**	balkon
der erste Rang	**бельэтаж**	beljetaʤ
Loge (f)	**ложа**	loʤa
Reihe (f)	**катар**	katar
Platz (m)	**орун**	orun
Publikum (n)	**эл**	el
Zuschauer (m)	**көрүүчү**	køryyʧy
klatschen (vi)	**кол чабуу**	kol ʧabuu
Applaus (m)	**кол чабуулар**	kol ʧabuular
Ovation (f)	**дүркүрөгөн кол чабуулар**	dyrkyrøgøn kol ʧabuular
Bühne (f)	**сахна**	saχna
Vorhang (m)	**көшөгө**	køʃøgø
Dekoration (f)	**декорация**	dekoraʦija
Kulissen (pl)	**көшөгө артында**	køʃøgø artɪnda
Szene (f)	**көрсөтмө**	kørsøtmø
Akt (m)	**окуя**	okuja
Pause (f)	**антракт**	antrakt

125. Kino

Schauspieler (m)	**актёр**	aktʲor
Schauspielerin (f)	**актриса**	aktrisa
Kino (n)	**кино**	kino
Film (m)	**тасма**	tasma
Folge (f)	**серия**	serija
Krimi (m)	**детектив**	detektiv
Actionfilm (m)	**салгылаш тасмасы**	salgılaʃ tasması
Abenteuerfilm (m)	**укмуштуу окуялуу тасма**	ukmuʃtuu okujaluu tasma
Science-Fiction-Film (m)	**билим-жалган аралаш тасмасы**	bilim-ʤalgan aralaʃ tasması
Horrorfilm (m)	**коркутуу тасмасы**	korkutuu tasması
Komödie (f)	**күлкүлүү кино**	kylkylyy kino
Melodrama (n)	**ый менен кайгы аралаш**	ıy menen kajgı aralaʃ
Drama (n)	**драма**	drama
Spielfilm (m)	**көркөм тасма**	kørkøm tasma
Dokumentarfilm (m)	**документүү тасма**	dokumentyy tasma
Zeichentrickfilm (m)	**мультфильм**	mulʲtfilʲm
Stummfilm (m)	**үнсүз кино**	ynsyz kino
Rolle (f)	**роль**	rolʲ
Hauptrolle (f)	**башкы роль**	baʃkı rolʲ
spielen (Schauspieler)	**ойноо**	ojnoo
Filmstar (m)	**кино жылдызы**	kino ʤıldızı
bekannt	**белгилүү**	belgilyy
berühmt	**атактуу**	ataktuu
populär	**даңазалуу**	daŋazaluu
Drehbuch (n)	**сценарий**	sʦenarij
Drehbuchautor (m)	**сценарист**	sʦenarist
Regisseur (m)	**режиссёр**	reʤissʲor
Produzent (m)	**продюсер**	prodʉser
Assistent (m)	**ассистент**	assistent
Kameramann (m)	**оператор**	operator
Stuntman (m)	**айлагер**	ajlager
Double (n)	**кейпин кийүүчү**	kejpin kijyyʧy
einen Film drehen	**тасма тартуу**	tasma tartuu
Probe (f)	**сыноо**	sınoo
Dreharbeiten (pl)	**тартуу**	tartuu
Filmteam (n)	**тартуу группасы**	tartuu gruppası
Filmset (m)	**тартуу аянты**	tartuu ajantı
Filmkamera (f)	**кинокамера**	kinokamera
Kino (n)	**кинотеатр**	kinoteatr
Leinwand (f)	**экран**	ekran
einen Film zeigen	**тасманы көрсөтүү**	tasmanı kørsøtyy
Tonspur (f)	**үн нугу**	yn nugu
Spezialeffekte (pl)	**атайын эффектер**	atajın effekter

Untertitel (pl)	**субтитрлер**	subtitrler
Abspann (m)	**титрлер**	titrler
Übersetzung (f)	**которуу**	kotoruu

126. Gemälde

Kunst (f)	**көркөм өнөр**	kørkøm ønør
schönen Künste (pl)	**көркөм чеберчилик**	kørkøm ʧeberʧilik
Kunstgalerie (f)	**арт-галерея**	art-galereja
Kunstausstellung (f)	**сүрөт көргөзмөсү**	syrøt kørgøzmøsy
Malerei (f)	**живопись**	ʤivopisʲ
Graphik (f)	**графика**	grafika
abstrakte Kunst (f)	**абстракционизм**	abstraktsionizm
Impressionismus (m)	**импрессионизм**	impressionizm
Bild (n)	**сүрөт**	syrøt
Zeichnung (Kohle- usw.)	**сүрөт**	syrøt
Plakat (n)	**көрнөк**	kørnøk
Illustration (f)	**иллюстрация**	illustratsija
Miniatur (f)	**миниатюра**	miniatura
Kopie (f)	**көчүрмө**	køʧyrmø
Reproduktion (f)	**репродукция**	reproduktsija
Mosaik (n)	**мозаика**	mozaika
Glasmalerei (f)	**витраж**	vitraʤ
Fresko (n)	**фреска**	freska
Gravüre (f)	**гравюра**	gravura
Büste (f)	**бюст**	bust
Skulptur (f)	**айкел**	ajkel
Statue (f)	**айкел**	ajkel
Gips (m)	**гипс**	gips
aus Gips	**гипстен**	gipsten
Porträt (n)	**портрет**	portret
Selbstporträt (n)	**автопортрет**	avtoportret
Landschaftsbild (n)	**теребел сүрөтү**	terebel syrøty
Stillleben (n)	**буюмдар сүрөтү**	bujumdar syrøty
Karikatur (f)	**карикатура**	karikatura
Entwurf (m)	**сомо**	somo
Farbe (f)	**боек**	boek
Aquarellfarbe (f)	**акварель**	akvarelʲ
Öl (n)	**майбоёк**	majbojok
Bleistift (m)	**карандаш**	karandaʃ
Tusche (f)	**тушь**	tuʃʲ
Kohle (f)	**көмүр**	kømyr
zeichnen (vt)	**тартуу**	tartuu
malen (vi, vt)	**боёк менен тартуу**	bojok menen tartuu
Modell stehen	**атайын туруу**	atajın turuu
Modell (Mask.)	**атайын туруучу**	atajın turuuʧu

Modell (Fem.)	**атайын туруучу**	atajın turuutʃu
Maler (m)	**сүрөтчү**	syrøttʃy
Kunstwerk (n)	**чыгарма**	tʃıgarma
Meisterwerk (n)	**чеберчиликтин чокусу**	tʃebertʃiliktin tʃokusu
Atelier (n), Werkstatt (f)	**устакана**	ustakana
Leinwand (f)	**кендир**	kendir
Staffelei (f)	**мольберт**	molʲbert
Palette (f)	**палитра**	palitra
Rahmen (m)	**алкак**	alkak
Restauration (f)	**калыбына келтирүү**	kalıbına keltiryy
restaurieren (vt)	**калыбына келтирүү**	kalıbına keltiryy

127. Literatur und Dichtkunst

Literatur (f)	**адабият**	adabijat
Autor (m)	**автор**	avtor
Pseudonym (n)	**лакап ат**	lakap at
Buch (n)	**китеп**	kitep
Band (m)	**том**	tom
Inhaltsverzeichnis (n)	**мазмун**	mazmun
Seite (f)	**бет**	bet
Hauptperson (f)	**башкы каарман**	baʃkı kaarman
Autogramm (n)	**кол тамга**	kol tamga
Kurzgeschichte (f)	**окуя**	okuja
Erzählung (f)	**аңгеме**	aŋgeme
Roman (m)	**роман**	roman
Werk (Buch usw.)	**дил баян**	dil bajan
Fabel (f)	**тамсил**	tamsil
Krimi (m)	**детектив**	detektiv
Gedicht (n)	**ыр сап**	ır sap
Dichtung (f), Poesie (f)	**поэзия**	poezija
Gedicht (n)	**поэма**	poema
Dichter (m)	**акын**	akın
schöne Literatur (f)	**сулуулатып жазуу**	suluulatıp ʤazuu
Science-Fiction (f)	**билим-жалган аралаш**	bilim-ʤalgan aralaʃ
Abenteuer (n)	**укмуштуу окуялар**	ukmuʃtuu okujalar
Schülerliteratur (pl)	**билим берүү адабияты**	bilim beryy adabijatı
Kinderliteratur (f)	**балдар адабияты**	baldar adabijatı

128. Zirkus

Zirkus (m)	**цирк**	ʦırk
Wanderzirkus (m)	**цирк-шапито**	ʦırk-ʃapito
Programm (n)	**программа**	programma
Vorstellung (f)	**көрсөтүү**	kørsøtyy
Nummer (f)	**номер**	nomer

Manege (f)	**арена**	arena
Pantomime (f)	**пантомима**	pantomima
Clown (m)	**маскарапоз**	maskarapoz
Akrobat (m)	**акробат**	akrobat
Akrobatik (f)	**акробатика**	akrobatika
Turner (m)	**гимнаст**	gimnast
Turnen (n)	**гимнастика**	gimnastika
Salto (m)	**тоңкочуктап атуу**	toŋkoʧuktap atuu
Kraftmensch (m)	**атлет**	atlet
Bändiger, Dompteur (m)	**ыкка көндүрүүчү**	ıkka køndyryyʧy
Reiter (m)	**чабандес**	ʧabandes
Assistent (m)	**жардамчы**	ʤardamʧı
Trick (m)	**ыкма**	ıkma
Zaubertrick (m)	**көз боемо**	køz boemo
Zauberkünstler (m)	**көз боемочу**	køz boemoʧu
Jongleur (m)	**жонглёр**	ʤongl^jor
jonglieren (vi)	**жонглёрлук кылуу**	ʤongl^jorluk kıluu
Dresseur (m)	**үйрөтүүчү**	yjrøtyyʧy
Dressur (f)	**үйрөтүү**	yjrøtyy
dressieren (vt)	**үйрөтүү**	yjrøtyy

129. Musik. Popmusik

Musik (f)	**музыка**	muzıka
Musiker (m)	**музыкант**	muzıkant
Musikinstrument (n)	**музыка аспабы**	muzıka aspabı
spielen (auf der Gitarre ~)	**...да ойноо**	...da ojnoo
Gitarre (f)	**гитара**	gitara
Geige (f)	**скрипка**	skripka
Cello (n)	**виолончель**	violonʧel^j
Kontrabass (m)	**контрабас**	kontrabas
Harfe (f)	**арфа**	arfa
Klavier (n)	**пианино**	pianino
Flügel (m)	**рояль**	rojal^j
Orgel (f)	**орган**	organ
Blasinstrumente (pl)	**үйлө аспаптары**	yjlø aspaptarı
Oboe (f)	**гобой**	goboj
Saxophon (n)	**саксофон**	saksofon
Klarinette (f)	**кларнет**	klarnet
Flöte (f)	**флейта**	flejta
Trompete (f)	**сурнай**	surnaj
Akkordeon (n)	**аккордеон**	akkordeon
Trommel (f)	**добулбас**	dobulbas
Duo (n)	**дуэт**	duet
Trio (n)	**трио**	trio

Quartett (n)	**квартет**	kvartet
Chor (m)	**хор**	χor
Orchester (n)	**оркестр**	orkestr
Popmusik (f)	**поп-музыка**	pop-muzıka
Rockmusik (f)	**рок-музыка**	rok-muzıka
Rockgruppe (f)	**рок-группа**	rok-gruppa
Jazz (m)	**джаз**	ʤaz
Idol (n)	**аздек**	azdek
Verehrer (m)	**күйөрман**	kyjørman
Konzert (n)	**концерт**	kontsert
Sinfonie (f)	**симфония**	simfonija
Komposition (f)	**чыгарма**	ʧıgarma
komponieren (vt)	**чыгаруу**	ʧıgaruu
Gesang (m)	**ырдоо**	ırdoo
Lied (n)	**ыр**	ır
Melodie (f)	**обон**	obon
Rhythmus (m)	**ыргак**	ırgak
Blues (m)	**блюз**	blʉz
Noten (pl)	**ноталар**	notalar
Taktstock (m)	**таякча**	tajakʧa
Bogen (m)	**кылдуу таякча**	kılduu tajakʧa
Saite (f)	**кыл**	kıl
Koffer (Violinen-)	**куту**	kutu

Erholung. Unterhaltung. Reisen

130. Ausflug. Reisen

Tourismus (m)	**туризм**	turizm
Tourist (m)	**турист**	turist
Reise (f)	**саякат**	sajakat
Abenteuer (n)	**укмуштуу окуя**	ukmuʃtuu okuja
Fahrt (f)	**сапар**	sapar
Urlaub (m)	**дем алыш**	dem alıʃ
auf Urlaub sein	**дем алышка чыгуу**	dem alıʃka ʧıguu
Erholung (f)	**эс алуу**	es aluu
Zug (m)	**поезд**	poezd
mit dem Zug	**поезд менен**	poezd menen
Flugzeug (n)	**учак**	uʧak
mit dem Flugzeug	**учакта**	uʧakta
mit dem Auto	**автомобилде**	avtomobilde
mit dem Schiff	**кемеде**	kemede
Gepäck (n)	**жүк**	ʤyk
Koffer (m)	**чемодан**	ʧemodan
Gepäckwagen (m)	**араба**	araba
Pass (m)	**паспорт**	pasport
Visum (n)	**виза**	viza
Fahrkarte (f)	**билет**	bilet
Flugticket (n)	**авиабилет**	aviabilet
Reiseführer (m)	**жол көрсөткүч**	ʤol kørsøtkyʧ
Landkarte (f)	**карта**	karta
Gegend (f)	**жай**	ʤaj
Ort (wunderbarer ~)	**жер**	ʤer
Exotika (pl)	**экзотика**	ekzotika
exotisch	**экзотикалуу**	ekzotikaluu
erstaunlich (Adj)	**ажайып**	aʤajıp
Gruppe (f)	**топ**	top
Ausflug (m)	**экскурсия**	ekskursija
Reiseleiter (m)	**экскурсия жетекчиси**	ekskursija ʤetekʧisi

131. Hotel

Hotel (n), Gasthaus (n)	**мейманкана**	mejmankana
Motel (n)	**мотель**	motelʲ
drei Sterne	**үч жылдыздуу**	yʧ ʤıldızduu

fünf Sterne	**беш жылдыздуу**	beʃ ʤıldızduu
absteigen (vi)	**токтоо**	toktoo
Hotelzimmer (n)	**номер**	nomer
Einzelzimmer (n)	**бир орундуу**	bir orunduu
Zweibettzimmer (n)	**эки орундуу**	eki orunduu
reservieren (vt)	**номерди камдык буйрутмалоо**	nomerdi kamdık bujrutmaloo
Halbpension (f)	**жарым пансион**	ʤarım pansion
Vollpension (f)	**толук пансион**	toluk pansion
mit Bad	**ваннасы менен**	vannası menen
mit Dusche	**душ менен**	duʃ menen
Satellitenfernsehen (n)	**спутник**	sputnik
Klimaanlage (f)	**аба желдеткич**	aba ʤeldetkiʧ
Handtuch (n)	**сүлгү**	sylgy
Schlüssel (m)	**ачкыч**	aʧkıʧ
Verwalter (m)	**администратор**	administrator
Zimmermädchen (n)	**үй кызматкери**	yj kızmatkeri
Träger (m)	**жүк ташуучу**	ʤyk taʃuuʧu
Portier (m)	**эшик ачуучу**	eʃik aʧuuʧu
Restaurant (n)	**ресторан**	restoran
Bar (f)	**бар**	bar
Frühstück (n)	**таңкы тамак**	taŋkı tamak
Abendessen (n)	**кечки тамак**	keʧki tamak
Buffet (n)	**шведче стол**	ʃvedʧe stol
Foyer (n)	**вестибюль**	vestibʉlʲ
Aufzug (m), Fahrstuhl (m)	**лифт**	lift
BITTE NICHT STÖREN!	**ТЫНЧЫБЫЗДЫ АЛБАГЫЛА!**	tınʧıbızdı albagıla!
RAUCHEN VERBOTEN!	**ТАМЕКИ ЧЕГҮҮГӨ БОЛБОЙТ!**	tameki ʧegyygø bolbojt!

132. Bücher. Lesen

Buch (n)	**китеп**	kitep
Autor (m)	**автор**	avtor
Schriftsteller (m)	**жазуучу**	ʤazuuʧu
verfassen (vt)	**жазуу**	ʤazuu
Leser (m)	**окурман**	okurman
lesen (vi, vt)	**окуу**	okuu
Lesen (n)	**окуу**	okuu
still (~ lesen)	**үн чыгарбай**	yn ʧıgarbaj
laut (Adv)	**үн чыгарып**	yn ʧıgarıp
verlegen (vt)	**басып чыгаруу**	basıp ʧıgaruu
Ausgabe (f)	**басып чыгаруу**	basıp ʧıgaruu

Herausgeber (m)	**басып чыгаруучу**	basıp ʧıgaruuʧu
Verlag (m)	**басмакана**	basmakana
erscheinen (Buch)	**жарык көрүү**	ʤarık køryy
Erscheinen (n)	**чыгуу**	ʧıguu
Auflage (f)	**нуска**	nuska
Buchhandlung (f)	**китеп дүкөнү**	kitep dykøny
Bibliothek (f)	**китепкана**	kitepkana
Erzählung (f)	**аңгеме**	aŋgeme
Kurzgeschichte (f)	**окуя**	okuja
Roman (m)	**роман**	roman
Krimi (m)	**детектив**	detektiv
Memoiren (pl)	**эсте калгандары**	este kalgandarı
Legende (f)	**уламыш**	ulamıʃ
Mythos (m)	**миф**	mif
Gedichte (pl)	**ыр**	ır
Autobiographie (f)	**автобиография**	avtobiografija
ausgewählte Werke (pl)	**тандалма**	tandalma
Science-Fiction (f)	**билим-жалган аралаш**	bilim-ʤalgan aralaʃ
Titel (m)	**аталышы**	atalıʃı
Einleitung (f)	**кириш сөз**	kiriʃ søz
Titelseite (f)	**наам барагы**	naam baragı
Kapitel (n)	**бөлүм**	bølum
Auszug (m)	**үзүндү**	yzyndy
Episode (f)	**эпизод**	epizod
Sujet (n)	**сюжет**	sʉʤet
Inhalt (m)	**мазмун**	mazmun
Inhaltsverzeichnis (n)	**мазмун**	mazmun
Hauptperson (f)	**башкы каарман**	baʃkı kaarman
Band (m)	**том**	tom
Buchdecke (f)	**мукаба**	mukaba
Einband (m)	**мукабалоо**	mukabaloo
Lesezeichen (n)	**чөп кат**	ʧøp kat
Seite (f)	**бет**	bet
blättern (vi)	**барактоо**	baraktoo
Ränder (pl)	**талаа**	talaa
Notiz (f)	**белги**	belgi
Anmerkung (f)	**эскертүү**	eskertyy
Text (m)	**текст**	tekst
Schrift (f)	**шрифт**	ʃrift
Druckfehler (m)	**ката**	kata
Übersetzung (f)	**котормо**	kotormo
übersetzen (vt)	**которуу**	kotoruu
Original (n)	**түпнуска**	typnuska
berühmt	**атактуу**	ataktuu

unbekannt	**белгисиз**	belgisiz
interessant	**кызыктуу**	kızıktuu
Bestseller (m)	**талашып сатып алынган**	talaʃıp satıp alıngan
Wörterbuch (n)	**сөздүк**	søzdyk
Lehrbuch (n)	**китеп**	kitep
Enzyklopädie (f)	**энциклопедия**	entsiklopedija

133. Jagen. Fischen

Jagd (f)	**аңчылык**	aŋʧılık
jagen (vi)	**аңчылык кылуу**	aŋʧılık kıluu
Jäger (m)	**аңчы**	aŋʧı
schießen (vi)	**атуу**	atuu
Gewehr (n)	**мылтык**	mıltık
Patrone (f)	**ок**	ok
Schrot (n)	**чачма**	ʧaʧma
Falle (f)	**капкан**	kapkan
Schlinge (f)	**тузак**	tuzak
in die Falle gehen	**капканга түшүү**	kapkanga tyʃyy
eine Falle stellen	**капкан коюу**	kapkan kojʉu
Wilddieb (m)	**браконьер**	brakonjer
Wild (n)	**илбээсин**	ilbeesin
Jagdhund (m)	**тайган**	tajgan
Safari (f)	**сафари**	safari
ausgestopftes Tier (n)	**кеп**	kep
Fischer (m)	**балыкчы**	balıkʧı
Fischen (n)	**балык улоо**	balık uloo
angeln, fischen (vt)	**балык улоо**	balık uloo
Angel (f)	**кайырмак**	kajırmak
Angelschnur (f)	**кайырмак жиби**	kajırmak ʤibi
Haken (m)	**илгич**	ilgiʧ
Schwimmer (m)	**калкыма**	kalkıma
Köder (m)	**жем**	ʤem
die Angel auswerfen	**кайырмак таштоо**	kajırmak taʃtoo
anbeißen (vi)	**чокулоо**	ʧokuloo
Fang (m)	**кармалган балык**	karmalgan balık
Eisloch (n)	**муздагы оюк**	muzdagı ojʉk
Netz (n)	**тор**	tor
Boot (n)	**кайык**	kajık
mit dem Netz fangen	**тор менен кармоо**	tor menen karmoo
das Netz hineinwerfen	**тор таштоо**	tor taʃtoo
das Netz einholen	**торду чыгаруу**	tordu ʧıgaruu
ins Netz gehen	**торго түшүү**	torgo tyʃyy
Walfänger (m)	**кит уулоочу**	kit uulooʧu
Walfangschiff (n)	**кит уулоочу кеме**	kit uulooʧu keme
Harpune (f)	**гарпун**	garpun

134. Spiele. Billard

Billard (n)	**бильярд**	biljard
Billardzimmer (n)	**бильярдкана**	biljardkana
Billardkugel (f)	**бильярд шары**	biljard ʃarı
eine Kugel einlochen	**шарды киргизүү**	ʃardı kirgizyy
Queue (n)	**кий**	kij
Tasche (f), Loch (n)	**луза**	luza

135. Spiele. Kartenspiele

Karo (n)	**момун**	momun
Pik (n)	**карга**	karga
Herz (n)	**кызыл ача**	kızıl atʃa
Kreuz (n)	**чырым**	tʃırım
As (n)	**туз**	tuz
König (m)	**король**	korolʲ
Dame (f)	**матке**	matke
Bube (m)	**балта**	balta
Spielkarte (f)	**оюн картасы**	ojʉn kartası
Karten (pl)	**карталар**	kartalar
Trumpf (m)	**көзүр**	køzyr
Kartenspiel (abgenutztes ~)	**колода**	koloda
Punkt (m)	**очко**	otʃko
ausgeben (vt)	**таратуу**	taratuu
mischen (vt)	**аралаштыруу**	aralaʃtıruu
Zug (m)	**жүрүү**	ʤyryy
Falschspieler (m)	**шумпай**	ʃumpaj

136. Erholung. Spiele. Verschiedenes

spazieren gehen (vi)	**сейилдөө**	sejildøø
Spaziergang (m)	**жөө сейилдөө**	ʤøø sejildøø
Fahrt (im Wagen)	**саякат**	sajakat
Abenteuer (n)	**укмуштуу окуя**	ukmuʃtuu okuja
Picknick (n)	**пикник**	piknik
Spiel (n)	**оюн**	ojʉn
Spieler (m)	**оюнчу**	ojʉntʃu
Partie (f)	**партия**	partija
Sammler (m)	**жыйнакчы**	ʤıjnaktʃı
sammeln (vt)	**жыйноо**	ʤıjnoo
Sammlung (f)	**жыйнак**	ʤıjnak
Kreuzworträtsel (n)	**кроссворд**	krossvord
Rennbahn (f)	**ат майданы**	at majdanı

Diskothek (f)	**дискотека**	diskoteka
Sauna (f)	**сауна**	sauna
Lotterie (f)	**лотерея**	lotereja
Wanderung (f)	**жөө сапар**	ʤøø sapar
Lager (n)	**лагерь**	lagerʲ
Zelt (n)	**чатыр**	ʧatır
Kompass (m)	**компас**	kompas
Tourist (m)	**турист**	turist
fernsehen (vi)	**көрүү**	køryy
Fernsehzuschauer (m)	**телекөрүүчү**	telekøryyʧy
Fernsehsendung (f)	**теле көрсөтүү**	tele kørsøtyy

137. Fotografie

Kamera (f)	**фотоаппарат**	fotoapparat
Foto (n)	**фото**	foto
Fotograf (m)	**сүрөтчү**	syrøtʧy
Fotostudio (n)	**фотостудия**	fotostudija
Fotoalbum (n)	**фотоальбом**	fotoalʲbom
Objektiv (n)	**объектив**	obʰjektiv
Teleobjektiv (n)	**телеобъектив**	teleobʰjektiv
Filter (n)	**фильтр**	filʲtr
Linse (f)	**линза**	linza
Optik (f)	**оптика**	optika
Blende (f)	**диафрагма**	diafragma
Belichtungszeit (f)	**тушугуу**	tuʃuguu
Sucher (m)	**көрүнүш табуучу**	kørynyʃ tabuuʧu
Digitalkamera (f)	**санарип камерасы**	sanarip kamerası
Stativ (n)	**үч бут**	yʧ but
Blitzgerät (n)	**жарк этүү**	ʤark etyy
fotografieren (vt)	**сүрөткө тартуу**	syrøtkø tartuu
aufnehmen (vt)	**тартуу**	tartuu
sich fotografieren lassen	**сүрөткө түшүү**	syrøtkø tyʃyy
Fokus (m)	**фокус**	fokus
den Fokus einstellen	**фокусту оңдоо**	fokustu oŋdoo
scharf (~ abgebildet)	**фокуста**	fokusta
Schärfe (f)	**дааналык**	daanalık
Kontrast (m)	**контраст**	kontrast
kontrastreich	**контрасттагы**	kontrasttagı
Aufnahme (f)	**сүрөт**	syrøt
Negativ (n)	**негатив**	negativ
Rollfilm (m)	**фотоплёнка**	fotoplʲonka
Einzelbild (n)	**кадр**	kadr
drucken (vt)	**басып чыгаруу**	basıp ʧıgaruu

138. Strand. Schwimmen

Strand (m)	**суу жээги**	suu ʤeegi
Sand (m)	**кум**	kum
menschenleer	**ээн суу жээги**	een suu ʤeegi
Bräune (f)	**күнгө күйүү**	kyngø kyjyy
sich bräunen	**күнгө кактануу**	kyngø kaktanuu
gebräunt	**күнгө күйгөн**	kyngø kyjgøn
Sonnencreme (f)	**күнгө күйүш үчүн крем**	kyngø kyjyʃ yʧyn krem
Bikini (m)	**бикини**	bikini
Badeanzug (m)	**купальник**	kupalʲnik
Badehose (f)	**плавки**	plavki
Schwimmbad (n)	**бассейн**	bassejn
schwimmen (vi)	**сүзүү**	syzyy
Dusche (f)	**душ**	duʃ
sich umkleiden	**кийим алмаштыруу**	kijim almaʃtɪruu
Handtuch (n)	**сүлгү**	sylgy
Boot (n)	**кайык**	kajɪk
Motorboot (n)	**катер**	kater
Wasserski (m)	**суу чаңгысы**	suu ʧaŋgɪsɪ
Tretboot (n)	**суу велосипеди**	suu velosipedi
Surfen (n)	**тактай тебүү**	taktaj tebyy
Surfer (m)	**тактай тебүүчү**	taktaj tebyyʧy
Tauchgerät (n)	**акваланг**	akvalang
Schwimmflossen (pl)	**ласты**	lastɪ
Maske (f)	**маска**	maska
Taucher (m)	**сууга сүңгүү**	suuga syŋgyy
tauchen (vi)	**сүңгүү**	syŋgyy
unter Wasser	**суу астында**	suu astɪnda
Sonnenschirm (m)	**зонт**	zont
Liege (f)	**шезлонг**	ʃezlong
Sonnenbrille (f)	**көз айнек**	køz ajnek
Schwimmmatratze (f)	**сүзүү үчүн матрас**	syzyy yʧyn matras
spielen (vi, vt)	**ойноо**	ojnoo
schwimmen gehen	**сууга түшүү**	suuga tyʃyy
Ball (m)	**топ**	top
aufblasen (vt)	**үйлөө**	yjløø
aufblasbar	**үйлөнмө**	yjlønmø
Welle (f)	**толкун**	tolkun
Boje (f)	**буй**	buj
ertrinken (vi)	**чөгүү**	ʧøgyy
retten (vt)	**куткаруу**	kutkaruu
Schwimmweste (f)	**куткаруучу күрмө**	kutkaruuʧu kyrmø
beobachten (vt)	**байкоо**	bajkoo
Bademeister (m)	**куткаруучу**	kutkaruuʧu

TECHNISCHES ZUBEHÖR. TRANSPORT

Technisches Zubehör

139. Computer

Computer (m)	**компьютер**	kompjʉter
Laptop (m), Notebook (n)	**ноутбук**	noutbuk
einschalten (vt)	**күйгүзүү**	kyjgyzyy
abstellen (vt)	**өчүрүү**	øʧyryy
Tastatur (f)	**ариптакта**	ariptakta
Taste (f)	**баскыч**	baskıʧ
Maus (f)	**чычкан**	ʧıʧkan
Mousepad (n)	**килемче**	kilemʧe
Knopf (m)	**баскыч**	baskıʧ
Cursor (m)	**курсор**	kursor
Monitor (m)	**монитор**	monitor
Schirm (m)	**экран**	ekran
Festplatte (f)	**катуу диск**	katuu disk
Festplattengröße (f)	**катуу дисктин көлөмү**	katuu disktin kølømy
Speicher (m)	**эс тутум**	es tutum
Arbeitsspeicher (m)	**оперативдик эс тутум**	operativdik es tutum
Datei (f)	**файл**	fajl
Ordner (m)	**папка**	papka
öffnen (vt)	**ачуу**	aʧuu
schließen (vt)	**жабуу**	ʤabuu
speichern (vt)	**сактоо**	saktoo
löschen (vt)	**жок кылуу**	ʤok kıluu
kopieren (vt)	**көчүрүү**	køʧyryy
sortieren (vt)	**иреттөө**	irettøø
transferieren (vt)	**өткөрүү**	øtkøryy
Programm (n)	**программа**	programma
Software (f)	**программалык**	programmalık
Programmierer (m)	**программист**	programmist
programmieren (vt)	**программалаштыруу**	programmalaʃtıruu
Hacker (m)	**хакер**	χaker
Kennwort (n)	**сырсөз**	sırsøz
Virus (m, n)	**вирус**	virus
entdecken (vt)	**издеп табуу**	izdep tabuu
Byte (n)	**байт**	bajt

Megabyte (n)	**мегабайт**	megabajt
Daten (pl)	**маалыматтар**	maalımattar
Datenbank (f)	**маалымат базасы**	maalımat bazası
Kabel (n)	**кабель**	kabelʲ
trennen (vt)	**ажыратуу**	adʒıratuu
anschließen (vt)	**туташтыруу**	tutaʃtıruu

140. Internet. E-Mail

Internet (n)	**интернет**	internet
Browser (m)	**браузер**	brauzer
Suchmaschine (f)	**издөө аспабы**	izdøø aspabı
Provider (m)	**провайдер**	provajder
Webmaster (m)	**веб-мастер**	web-master
Website (f)	**веб-сайт**	web-sajt
Webseite (f)	**веб-баракча**	web-baraktʃa
Adresse (f)	**дарек**	darek
Adressbuch (n)	**дарек китепчеси**	darek kiteptʃesi
Mailbox (f)	**почта ящиги**	potʃta jaʃtʃigi
Post (f)	**почта**	potʃta
überfüllt (-er Briefkasten)	**толуп калган**	tolup kalgan
Mitteilung (f)	**кабар**	kabar
eingehenden Nachrichten	**келген кабарлар**	kelgen kabarlar
ausgehenden Nachrichten	**жөнөтүлгөн кабарлар**	dʒønøtylgøn kabarlar
Absender (m)	**жөнөтүүчү**	dʒønøtyytʃy
senden (vt)	**жөнөтүү**	dʒønøtyy
Absendung (f)	**жөнөтүү**	dʒønøtyy
Empfänger (m)	**алуучу**	aluutʃu
empfangen (vt)	**алуу**	aluu
Briefwechsel (m)	**жазышуу**	dʒazıʃuu
im Briefwechsel stehen	**жазышуу**	dʒazıʃuu
Datei (f)	**файл**	fajl
herunterladen (vt)	**жүктөө**	dʒyktøø
schaffen (vt)	**жаратуу**	dʒaratuu
löschen (vt)	**жок кылуу**	dʒok kıluu
gelöscht (Datei)	**жок кылынган**	dʒok kılıngan
Verbindung (f)	**байланыш**	bajlanıʃ
Geschwindigkeit (f)	**ылдамдык**	ıldamdık
Modem (n)	**модем**	modem
Zugang (m)	**жеткирилүү**	dʒetkirilyy
Port (m)	**порт**	port
Anschluss (m)	**туташуу**	tutaʃuu
sich anschließen	**... туташуу**	... tutaʃuu

auswählen (vt)	**тандоо**	tandoo
suchen (vt)	**... издөө**	... izdøø

Transport

141. Flugzeug

Flugzeug (n)	**учак**	utʃak
Flugticket (n)	**авиабилет**	aviabilet
Fluggesellschaft (f)	**авиакомпания**	aviakompanija
Flughafen (m)	**аэропорт**	aeroport
Überschall-	**сверхзвуковой**	sverχzvukovoj
Flugkapitän (m)	**кеме командири**	keme komandiri
Besatzung (f)	**экипаж**	ekipaʤ
Pilot (m)	**учкуч**	utʃkutʃ
Flugbegleiterin (f)	**стюардесса**	stʉardessa
Steuermann (m)	**штурман**	ʃturman
Flügel (pl)	**канаттар**	kanattar
Schwanz (m)	**куйрук**	kujruk
Kabine (f)	**кабина**	kabina
Motor (m)	**кыймылдаткыч**	kıjmıldatkıtʃ
Fahrgestell (n)	**шасси**	ʃassi
Turbine (f)	**турбина**	turbina
Propeller (m)	**пропеллер**	propeller
Flugschreiber (m)	**кара куту**	kara kutu
Steuerrad (n)	**штурвал**	ʃturval
Treibstoff (m)	**күйүүчү май**	kyjyytʃy may
Sicherheitskarte (f)	**коопсуздук көрсөтмөсү**	koopsuzduk kørsøtmøsy
Sauerstoffmaske (f)	**кислород чүмбөтү**	kislorod tʃymbøty
Uniform (f)	**бир беткей кийим**	bir betkey kijim
Rettungsweste (f)	**куткаруучу күрмө**	kutkaruutʃu kyrmø
Fallschirm (m)	**парашют**	paraʃʉt
Abflug, Start (m)	**учуп көтөрүлүү**	utʃup køtørylyy
starten (vi)	**учуп көтөрүлүү**	utʃup køtørylyy
Startbahn (f)	**учуп чыгуу тилкеси**	utʃup tʃıguu tilkesi
Sicht (f)	**көрүнүш**	kørynyʃ
Flug (m)	**учуу**	utʃuu
Höhe (f)	**бийиктик**	bijiktik
Luftloch (n)	**аба чүңкуру**	aba tʃyŋkuru
Platz (m)	**орун**	orun
Kopfhörer (m)	**кулакчын**	kulaktʃın
Klapptisch (m)	**бүктөлмө стол**	byktølmø stol
Bullauge (n)	**иллюминатор**	illʉminator
Durchgang (m)	**өтмөк**	øtmøk

142. Zug

Zug (m)	**поезд**	poezd
elektrischer Zug (m)	**электричка**	elektritʃka
Schnellzug (m)	**бат жүрүүчү поезд**	bat ʤyryytʃy poezd
Diesellok (f)	**тепловоз**	teplovoz
Dampflok (f)	**паровоз**	parovoz
Personenwagen (m)	**вагон**	vagon
Speisewagen (m)	**вагон-ресторан**	vagon-restoran
Schienen (pl)	**рельсалар**	relʲsalar
Eisenbahn (f)	**темир жолу**	temir ʤolu
Bahnschwelle (f)	**шпала**	ʃpala
Bahnsteig (m)	**платформа**	platforma
Gleis (n)	**жол**	ʤol
Eisenbahnsignal (n)	**семафор**	semafor
Station (f)	**бекет**	beket
Lokomotivführer (m)	**машинист**	maʃinist
Träger (m)	**жук ташуучу**	ʤuk taʃuutʃu
Schaffner (m)	**проводник**	provodnik
Fahrgast (m)	**жүргүнчү**	ʤyrgyntʃy
Fahrkartenkontrolleur (m)	**текшерүүчү**	tekʃeryytʃy
Flur (m)	**коридор**	koridor
Notbremse (f)	**стоп-кран**	stop-kran
Abteil (n)	**купе**	kupe
Liegeplatz (m), Schlafkoje (f)	**текче**	tektʃe
oberer Liegeplatz (m)	**үстүңкү текче**	ystyŋky tektʃe
unterer Liegeplatz (m)	**ылдыйкы текче**	ıldıjkı tektʃe
Bettwäsche (f)	**жууркан-төшөк**	ʤuurkan-tøʃøk
Fahrkarte (f)	**билет**	bilet
Fahrplan (m)	**ырааттама**	ıraattama
Anzeigetafel (f)	**табло**	tablo
abfahren (der Zug)	**жөнөө**	ʤønøø
Abfahrt (f)	**жөнөө**	ʤønøø
ankommen (der Zug)	**келүү**	kelyy
Ankunft (f)	**келүү**	kelyy
mit dem Zug kommen	**поезд менен келүү**	poezd menen kelyy
in den Zug einsteigen	**поездге отуруу**	poezdge oturuu
aus dem Zug aussteigen	**поездден түшүү**	poezdden tyʃyy
Zugunglück (n)	**кыйроо**	kıjroo
entgleisen (vi)	**рельсадан чыгып кетүү**	relʲsadan tʃıgıp ketyy
Dampflok (f)	**паровоз**	parovoz
Heizer (m)	**от жагуучу**	ot ʤaguutʃu
Feuerbüchse (f)	**меш**	meʃ
Kohle (f)	**көмүр**	kømyr

143. Schiff

Schiff (n)	**кеме**	keme
Fahrzeug (n)	**кеме**	keme
Dampfer (m)	**пароход**	paroχod
Motorschiff (n)	**теплоход**	teploχod
Kreuzfahrtschiff (n)	**лайнер**	lajner
Kreuzer (m)	**крейсер**	krejser
Jacht (f)	**яхта**	jaχta
Schlepper (m)	**буксир**	buksir
Lastkahn (m)	**баржа**	barʤa
Fähre (f)	**паром**	parom
Segelschiff (n)	**парус**	parus
Brigantine (f)	**бригантина**	brigantina
Eisbrecher (m)	**муз жаргыч кеме**	muz ʤargıʧ keme
U-Boot (n)	**суу астында жүрүүчү кеме**	suu astında ʤyryyʧy keme
Boot (n)	**кайык**	kajık
Dingi (n), Beiboot (n)	**шлюпка**	ʃlʉpka
Rettungsboot (n)	**куткаруу шлюпкасы**	kutkaruu ʃlʉpkası
Motorboot (n)	**катер**	kater
Kapitän (m)	**капитан**	kapitan
Matrose (m)	**матрос**	matros
Seemann (m)	**деңизчи**	deŋizʧi
Besatzung (f)	**экипаж**	ekipaʤ
Bootsmann (m)	**боцман**	boʦman
Schiffsjunge (m)	**юнга**	jʉnga
Schiffskoch (m)	**кок**	kok
Schiffsarzt (m)	**кеме доктуру**	keme dokturu
Deck (n)	**палуба**	paluba
Mast (m)	**мачта**	maʧta
Segel (n)	**парус**	parus
Schiffsraum (m)	**трюм**	trʉm
Bug (m)	**тумшук**	tumʃuk
Heck (n)	**кеменин арткы бөлүгү**	kemenin artkı bølygy
Ruder (n)	**калак**	kalak
Schraube (f)	**винт**	vint
Kajüte (f)	**каюта**	kajʉta
Messe (f)	**кают-компания**	kajʉt-kompanija
Maschinenraum (m)	**машина бөлүгү**	maʃina bølygy
Kommandobrücke (f)	**капитан мостиги**	kapitan mostigi
Funkraum (m)	**радиорубка**	radiorubka
Radiowelle (f)	**толкун**	tolkun
Schiffstagebuch (n)	**кеме журналы**	keme ʤurnalı
Fernrohr (n)	**дүрбү**	dyrby

Glocke (f)	**коңгуроо**	koŋguroo
Fahne (f)	**байрак**	bajrak
Seil (n)	**аркан**	arkan
Knoten (m)	**түйүн**	tyjyn
Geländer (n)	**туткуч**	tutkuʧ
Treppe (f)	**трап**	trap
Anker (m)	**кеме казык**	keme kazık
den Anker lichten	**кеме казыкты көтөрүү**	keme kazıktı køtøryy
Anker werfen	**кеме казыкты таштоо**	keme kazıktı taʃtoo
Ankerkette (f)	**казык чынжыры**	kazık ʧındʒırı
Hafen (m)	**порт**	port
Anlegestelle (f)	**причал**	priʧal
anlegen (vi)	**келип токтоо**	kelip toktoo
abstoßen (vt)	**жээктен алыстоо**	dʒeekten alıstoo
Reise (f)	**саякат**	sajakat
Kreuzfahrt (f)	**деңиз саякаты**	deŋiz sajakatı
Kurs (m), Richtung (f)	**курс**	kurs
Reiseroute (f)	**каттам**	kattam
Fahrwasser (n)	**фарватер**	farvater
Untiefe (f)	**тайыз жер**	tajız dʒer
stranden (vi)	**тайыз жерге отуруу**	tajız dʒerge oturuu
Sturm (m)	**бороон чапкын**	boroon ʧapkın
Signal (n)	**сигнал**	signal
untergehen (vi)	**чөгүү**	ʧøgyy
Mann über Bord!	**Сууда адам бар!**	suuda adam bar!
SOS	**SOS**	sos
Rettungsring (m)	**куткаруучу тегерек**	kutkaruuʧu tegerek

144. Flughafen

Flughafen (m)	**аэропорт**	aeroport
Flugzeug (n)	**учак**	uʧak
Fluggesellschaft (f)	**авиакомпания**	aviakompanija
Fluglotse (m)	**авиадиспетчер**	aviadispetʧer
Abflug (m)	**учуп кетүү**	uʧup ketyy
Ankunft (f)	**учуп келүү**	uʧup kelyy
anfliegen (vi)	**учуп келүү**	uʧup kelyy
Abflugzeit (f)	**учуп кетүү убактысы**	uʧup ketyy ubaktısı
Ankunftszeit (f)	**учуп келүү убактысы**	uʧup kelyy ubaktısı
sich verspäten	**кармалуу**	karmaluu
Abflugverspätung (f)	**учуп кетүүнүн кечигиши**	uʧup ketyynyn keʧigiʃi
Anzeigetafel (f)	**маалымат таблосу**	maalımat tablosu
Information (f)	**маалымат**	maalımat

ankündigen (vt)	**кулактандыруу**	kulaktandıruu
Flug (m)	**рейс**	rejs
Zollamt (n)	**бажыкана**	badʒıkana
Zollbeamter (m)	**бажы кызматкери**	badʒı kızmatkeri
Zolldeklaration (f)	**бажы декларациясы**	badʒı deklaratsijası
ausfüllen (vt)	**толтуруу**	tolturuu
die Zollerklärung ausfüllen	**декларация толтуруу**	deklaratsija tolturuu
Passkontrolle (f)	**паспорт текшерүү**	pasport tekʃeryy
Gepäck (n)	**жүк**	dʒyk
Handgepäck (n)	**кол жүгү**	kol dʒygy
Kofferkuli (m)	**араба**	araba
Landung (f)	**конуу**	konuu
Landebahn (f)	**конуу тилкеси**	konuu tilkesi
landen (vi)	**конуу**	konuu
Fluggasttreppe (f)	**трап**	trap
Check-in (n)	**катталуу**	kattaluu
Check-in-Schalter (m)	**каттоо стойкасы**	kattoo stojkası
sich registrieren lassen	**катталуу**	kattaluu
Bordkarte (f)	**отуруу үчүн талон**	oturuu ytʃyn talon
Abfluggate (n)	**чыгуу**	tʃıguu
Transit (m)	**транзит**	tranzit
warten (vi)	**күтүү**	kytyy
Wartesaal (m)	**күтүү залы**	kutyy zalı
begleiten (vt)	**узатуу**	uzatuu
sich verabschieden	**коштошуу**	koʃtoʃuu

145. Fahrrad. Motorrad

Fahrrad (n)	**велосипед**	velosiped
Motorroller (m)	**мотороллер**	motoroller
Motorrad (n)	**мотоцикл**	mototsikl
Rad fahren	**велосипедде жүрүү**	velosipedde dʒyryy
Lenkstange (f)	**руль**	rulʲ
Pedal (n)	**педаль**	pedalʲ
Bremsen (pl)	**тормоз**	tormoz
Sattel (m)	**отургуч**	oturgutʃ
Pumpe (f)	**соркыскыч**	sorkıskıtʃ
Gepäckträger (m)	**багажник**	bagadʒnik
Scheinwerfer (m)	**фонарь**	fonarʲ
Helm (m)	**шлем**	ʃlem
Rad (n)	**дөңгөлөк**	døŋgøløk
Schutzblech (n)	**калкан**	kalkan
Felge (f)	**дөңгөлөктүн алкагы**	døŋgøløktyn alkagı
Speiche (f)	**чабак**	tʃabak

Autos

146. Autotypen

Auto (n)	**автоунаа**	avtounaa
Sportwagen (m)	**спорттук автоунаа**	sporttuk avtounaa
Limousine (f)	**лимузин**	limuzin
Geländewagen (m)	**жолтандабас**	ʤoltandabas
Kabriolett (n)	**кабриолет**	kabriolet
Kleinbus (m)	**микроавтобус**	mikroavtobus
Krankenwagen (m)	**тез жардам**	tez ʤardam
Schneepflug (m)	**кар күрөөчү машина**	kar kyrøøʧy maʃina
Lastkraftwagen (m)	**жүк ташуучу машина**	ʤyk taʃuuʧu maʃina
Tankwagen (m)	**бензовоз**	benzovoz
Kastenwagen (m)	**фургон**	furgon
Sattelzug (m)	**тягач**	tʲagaʧ
Anhänger (m)	**чиркегич**	ʧirkegiʧ
komfortabel	**жайлуу**	ʤajluu
gebraucht	**колдонулган**	koldonulgan

147. Autos. Karosserie

Motorhaube (f)	**капот**	kapot
Kotflügel (m)	**калкан**	kalkan
Dach (n)	**үстү**	ysty
Windschutzscheibe (f)	**шамалдан тоскон айнек**	ʃamaldan toskon ajnek
Rückspiegel (m)	**арткы күзгү**	artkı kyzgy
Scheibenwaschanlage (f)	**айнек жуугуч**	ajnek ʤuuguʧ
Scheibenwischer (m)	**щётка**	ʃʧʲotka
Seitenscheibe (f)	**каптал айнек**	kaptal ajnek
Fensterheber (m)	**айнек көтөргүч**	ajnek køtørgyʧ
Antenne (f)	**антенна**	antenna
Schiebedach (n)	**люк**	lʉk
Stoßstange (f)	**бампер**	bamper
Kofferraum (m)	**жүк салгыч**	ʤyk salgıʧ
Dachgepäckträger (m)	**жүк салгыч**	ʤyk salgıʧ
Wagenschlag (m)	**эшик**	eʃik
Türgriff (m)	**кармагыч**	karmagıʧ
Türschloss (n)	**кулпу**	kulpu
Nummernschild (n)	**номер**	nomer
Auspufftopf (m)	**глушитель**	gluʃitelʲ

Benzintank (m)	**бензобак**	benzobak
Auspuffrohr (n)	**калдыктар түтүгү**	kaldıktar tytygy
Gas (n)	**газ**	gaz
Pedal (n)	**педаль**	pedal[j]
Gaspedal (n)	**газ педали**	gaz pedali
Bremse (f)	**тормоз**	tormoz
Bremspedal (n)	**тормоздун педалы**	tormozdun pedalı
bremsen (vi)	**тормоз басуу**	tormoz basuu
Handbremse (f)	**токтомо тормозу**	toktomo tormozu
Kupplung (f)	**илиштирүү**	iliʃtiryy
Kupplungspedal (n)	**илиштирүү педали**	iliʃtiryy pedali
Kupplungsscheibe (f)	**илиштирүү диски**	iliʃtiryy diski
Stoßdämpfer (m)	**амортизатор**	amortizator
Rad (n)	**дөңгөлөк**	døŋgøløk
Reserverad (n)	**запас дөңгөлөгү**	zapas døŋgøløgy
Reifen (m)	**покрышка**	pokrıʃka
Radkappe (f)	**жапкыч**	ʤapkıʧ
Triebräder (pl)	**салма дөңгөлөктөр**	salma døŋgøløktør
mit Vorderantrieb	**алдыңкы дөңгөлөк салмалуу**	aldıŋkı døŋgøløk salmaluu
mit Hinterradantrieb	**арткы дөңгөлөк салмалуу**	artkı døŋgøløk salmaluu
mit Allradantrieb	**бардык дөңгөлөк салмалуу**	bardık døŋgøløk salmaluu
Getriebe (n)	**бергилик куту**	bergilik kutu
Automatik-	**автоматтык**	avtomattık
Schalt-	**механикалуу**	meχanikaluu
Schalthebel (m)	**бергилик кутунун жылышуусу**	bergilik kutunun ʤılıʃuusu
Scheinwerfer (m)	**фара**	fara
Scheinwerfer (pl)	**фаралар**	faralar
Abblendlicht (n)	**жакынкы чырак**	ʤakınkı ʧırak
Fernlicht (n)	**алыскы чырак**	alıskı ʧırak
Stopplicht (n)	**стоп-сигнал**	stop-signal
Standlicht (n)	**габарит чырактары**	gabarit ʧıraktarı
Warnblinker (m)	**авария чырактары**	avarija ʧıraktarı
Nebelscheinwerfer (pl)	**туманга каршы чырактар**	tumanga karʃı ʧıraktar
Blinker (m)	**бурулуш чырагы**	buruluʃ ʧıragı
Rückfahrscheinwerfer (m)	**арткы чырак**	artkı ʧırak

148. Autos. Fahrgastraum

Wageninnere (n)	**салон**	salon
Leder-	**тери**	teri
aus Velours	**велюр**	velʉr
Polster (n)	**каптоо**	kaptoo

Instrument (n)	**алет**	alet
Armaturenbrett (n)	**алет панели**	alet paneli
Tachometer (m)	**спидометр**	spidometr
Nadel (f)	**жебе**	ʤebe
Kilometerzähler (m)	**эсептегич**	eseptegiʧ
Anzeige (Temperatur-)	**көрсөткүч**	kørsøtkyʧ
Pegel (m)	**деңгээл**	deŋgeel
Kontrollleuchte (f)	**көрсөткүч**	kørsøtkyʧ
Steuerrad (n)	**руль**	rul^j
Hupe (f)	**сигнал**	signal
Knopf (m)	**баскыч**	baskıʧ
Umschalter (m)	**которгуч**	kotorguʧ
Sitz (m)	**орун**	orun
Rückenlehne (f)	**жөлөнгүч**	ʤøløngyʧ
Kopfstütze (f)	**баш жөлөгүч**	baʃ ʤøløgyʧ
Sicherheitsgurt (m)	**орундук куру**	orunduk kuru
sich anschnallen	**курду тагынуу**	kurdu tagınuu
Einstellung (f)	**жөндөө**	ʤøndøø
Airbag (m)	**аба жаздыкчасы**	aba ʤazdıkʧası
Klimaanlage (f)	**аба желдеткич**	aba ʤeldetkiʧ
Radio (n)	**үналгы**	ynalgı
CD-Spieler (m)	**CD-ойноткуч**	sidi-ojnotkuʧ
einschalten (vt)	**жүргүзүү**	ʤyrgyzyy
Antenne (f)	**антенна**	antenna
Handschuhfach (n)	**колкап бөлүмү**	kolkap bølymy
Aschenbecher (m)	**күл салгыч**	kyl salgıʧ

149. Autos. Motor

Triebwerk (n)	**кыймылдаткыч**	kıjmıldatkıʧ
Motor (m)	**мотор**	motor
Diesel-	**дизель менен**	dizel^j menen
Benzin-	**бензин менен**	benzin menen
Hubraum (m)	**кыймылдаткычтын көлөмү**	kıjmıldatkıʧtın kølømy
Leistung (f)	**кубатуулугу**	kubatuulugu
Pferdestärke (f)	**ат күчү**	at kyʧy
Kolben (m)	**бишкек**	biʃkek
Zylinder (m)	**цилиндр**	ʦılindr
Ventil (n)	**сарпкапкак**	sarpkapkak
Injektor (m)	**бүрккүч**	byrkkyʧ
Generator (m)	**генератор**	generator
Vergaser (m)	**карбюратор**	karbʉrator
Motoröl (n)	**мотор майы**	motor majı
Kühler (m)	**радиатор**	radiator
Kühlflüssigkeit (f)	**суутуучу суюктук**	suutuuʧu sujʉktuk

Ventilator (m)	**желдеткич**	ʤeldetkiʧ
Autobatterie (f)	**аккумулятор**	akkumulʲator
Anlasser (m)	**стартер**	starter
Zündung (f)	**от алдыруу**	ot aldıruu
Zündkerze (f)	**от алдыруу шамы**	ot aldıruu ʃamı
Klemme (f)	**клемма**	klemma
Pluspol (m)	**плюс**	plʉs
Minuspol (m)	**минус**	minus
Sicherung (f)	**эриме сактагыч**	erime saktagıʧ
Luftfilter (m)	**аба чыпкасы**	aba ʧıpkası
Ölfilter (m)	**май чыпкасы**	maj ʧıpkası
Treibstofffilter (m)	**күйүүчү май чыпкасы**	kyjyyʧy may ʧıpkası

150. Autos. Unfall. Reparatur

Unfall (m)	**авто урунушу**	avto urunuʃu
Verkehrsunfall (m)	**жол кырсыгы**	ʤol kırsıgı
fahren gegen ...	**урунуу**	urunuu
verunglücken (vi)	**талкалануу**	talkalanuu
Schaden (m)	**бузулуу**	buzuluu
heil (Adj)	**бүтүн**	bytyn
Panne (f)	**бузулуу**	buzuluu
kaputtgehen (vi)	**бузулуп калуу**	buzulup kaluu
Abschleppseil (n)	**сүйрөө арканы**	syjrøø arkanı
Reifenpanne (f)	**тешилип калуу**	teʃilip kaluu
platt sein	**желин чыгаруу**	ʤelin ʧıgaruu
pumpen (vt)	**үйлөтүү**	yjløtyy
Reifendruck (m)	**басым**	basım
prüfen (vt)	**текшерүү**	tekʃeryy
Reparatur (f)	**оңдоо**	oŋdoo
Reparaturwerkstatt (f)	**автосервис**	avtoservis
Ersatzteil (n)	**белен тетик**	belen tetik
Einzelteil (n)	**тетик**	tetik
Bolzen (m)	**буроо**	buroo
Schraube (f)	**буралма**	buralma
Schraubenmutter (f)	**бурама**	burama
Scheibe (f)	**эбелек**	ebelek
Lager (n)	**мунакжаздам**	munakʤazdam
Rohr (Abgas-)	**түтүк**	tytyk
Dichtung (f)	**төшөм**	tøʃøm
Draht (m)	**зым**	zım
Wagenheber (m)	**домкрат**	domkrat
Schraubenschlüssel (m)	**гайка ачкычы**	gajka aʧkıʧı
Hammer (m)	**балка**	balka
Pumpe (f)	**соркыскыч**	sorkıskıʧ
Schraubenzieher (m)	**бурагыч**	buragıʧ

Feuerlöscher (m)	**өрт өчүргүч**	ørt øtʃyrgytʃ
Warndreieck (n)	**эскертүү үчбурчтук**	eskertyy ytʃburtʃtuk
abwürgen (Motor)	**өчүп калуу**	øtʃyp kaluu
Anhalten (~ des Motors)	**иштебей калуу**	iʃtebej kaluu
kaputt sein	**бузулуп калуу**	buzulup kaluu
überhitzt werden (Motor)	**кайнап кетүү**	kajnap ketyy
verstopft sein	**тыгылуу**	tıgıluu
einfrieren (Schloss, Rohr)	**тоңуп калуу**	toŋup kaluu
zerplatzen (vi)	**жарылып кетүү**	dʒarılıp ketyy
Druck (m)	**басым**	basım
Pegel (m)	**деңгээл**	deŋgeel
schlaff (z.B. -e Riemen)	**бош**	boʃ
Delle (f)	**кабырылуу**	kabırıluu
Klopfen (n)	**такылдоо**	takıldoo
Riß (m)	**жарака**	dʒaraka
Kratzer (m)	**чийилип калуу**	tʃijilip kaluu

151. Autos. Straßen

Fahrbahn (f)	**жол**	dʒol
Schnellstraße (f)	**кан жол**	kan dʒol
Autobahn (f)	**шоссе**	ʃosse
Richtung (f)	**багыт**	bagıt
Entfernung (f)	**аралык**	aralık
Brücke (f)	**көпүрө**	køpyrø
Parkplatz (m)	**унаа токтоочу жай**	unaa toktootʃu dʒaj
Platz (m)	**аянт**	ajant
Autobahnkreuz (n)	**баштан өйдө өткөн жол**	baʃtan øjdø øtkøn dʒol
Tunnel (m)	**тоннель**	tonnelʲ
Tankstelle (f)	**май куюучу станция**	maj kujʉutʃu stanʦija
Parkplatz (m)	**унаа токтоочу жай**	unaa toktootʃu dʒaj
Zapfsäule (f)	**колонка**	kolonka
Reparaturwerkstatt (f)	**автосервис**	avtoservis
tanken (vt)	**май куюу**	maj kujʉu
Treibstoff (m)	**күйүүчү май**	kyjyytʃy may
Kanister (m)	**канистра**	kanistra
Asphalt (m)	**асфальт**	asfalʲt
Markierung (f)	**салынган тамга**	salıngan tamga
Bordstein (m)	**бордюр**	bordʉr
Leitplanke (f)	**тосмо**	tosmo
Graben (m)	**арык**	arık
Straßenrand (m)	**жол чети**	dʒol tʃeti
Straßenlaterne (f)	**чырак мамы**	tʃırak mamı
fahren (vt)	**айдоо**	ajdoo
abbiegen (nach links ~)	**бурулуу**	buruluu
umkehren (vi)	**артка кайтуу**	artka kajtuu

Rückwärtsgang (m)	**артка айдоо**	artka ajdoo
hupen (vi)	**сигнал берүү**	signal beryy
Hupe (f)	**дабыш сигналы**	dabıʃ signalı
stecken (im Schlamm ~)	**тыгылып калуу**	tıgılıp kaluu
durchdrehen (Räder)	**сүйрөө**	syjrøø
abstellen (Motor ~)	**басаңдатуу**	basaŋdatuu
Geschwindigkeit (f)	**ылдамдык**	ıldamdık
Geschwindigkeit überschreiten	**ылдамдыктан ашуу**	ıldamdıktan aʃuu
bestrafen (vt)	**айып салуу**	ajıp saluu
Ampel (f)	**светофор**	svetofor
Führerschein (m)	**айдоочу күбөлүгү**	ajdootʃu kybølygy
Bahnübergang (m)	**кесип өтмө**	kesip øtmø
Straßenkreuzung (f)	**кесилиш**	kesiliʃ
Fußgängerüberweg (m)	**жөө жүрүүчүлөр жолу**	dʒøø dʒyryytʃylør dʒolu
Kehre (f)	**бурулуш**	buruluʃ
Fußgängerzone (f)	**жөө жүрүүчүлөр алкагы**	dʒøø dʒyryytʃylør alkagı

MENSCHEN. LEBENSEREIGNISSE

Lebensereignisse

152. Feiertage. Ereignis

Fest (n)	**майрам**	majram
Nationalfeiertag (m)	**улуттук**	uluttuk
Feiertag (m)	**майрам күнү**	majram kyny
feiern (vt)	**майрамдоо**	majramdoo
Ereignis (n)	**окуя**	okuja
Veranstaltung (f)	**иш-чара**	iʃ-ʧara
Bankett (n)	**банкет**	banket
Empfang (m)	**кабыл алуу**	kabıl aluu
Festmahl (n)	**той**	toj
Jahrestag (m)	**жылдык**	ʤıldık
Jubiläumsfeier (f)	**юбилей**	jʉbilej
begehen (vt)	**белгилөө**	belgiløø
Neujahr (n)	**Жаны жыл**	ʤanı ʤıl
Frohes Neues Jahr!	**Жаны Жылыңар менен!**	ʤanı ʤılıŋar menen!
Weihnachtsmann (m)	**Аяз ата, Санта Клаус**	ajaz ata, santa klaus
Weihnachten (n)	**Рождество**	roʤdestvo
Frohe Weihnachten!	**Рождество майрамыңыз менен!**	roʤdestvo majramıŋız menen!
Tannenbaum (m)	**Жаңы жылдык балаты**	ʤaŋı ʤıldık balatı
Feuerwerk (n)	**салют**	salʉt
Hochzeit (f)	**үйлөнүү той**	yjlønyy toy
Bräutigam (m)	**күйөө**	kyjøø
Braut (f)	**колукту**	koluktu
einladen (vt)	**чакыруу**	ʧakıruu
Einladung (f)	**чакыруу**	ʧakıruu
Gast (m)	**конок**	konok
besuchen (vt)	**конокко баруу**	konokko baruu
Gäste empfangen	**конок тосуу**	konok tosuu
Geschenk (n)	**белек**	belek
schenken (vt)	**белек берүү**	belek beryy
Geschenke bekommen	**белек алуу**	belek aluu
Blumenstrauß (m)	**десте**	deste
Glückwunsch (m)	**куттуктоо**	kuttuktoo
gratulieren (vi)	**куттуктоо**	kuttuktoo

Glückwunschkarte (f)	**куттуктоо ачык каты**	kuttuktoo atʃık katı
eine Karte abschicken	**ачык катты жөнөтүү**	atʃık kattı dʒønøtyy
eine Karte erhalten	**ачык катты алуу**	atʃık kattı aluu
Trinkspruch (m)	**каалоо тилек**	kaaloo tilek
anbieten (vt)	**ооз тийгизүү**	ooz tijgizyy
Champagner (m)	**шампан**	ʃampan
sich amüsieren	**көңүл ачуу**	køŋyl atʃuu
Fröhlichkeit (f)	**көңүлдүүлүк**	køŋyldyylyk
Freude (f)	**кубаныч**	kubanıtʃ
Tanz (m)	**бий**	bij
tanzen (vi, vt)	**бийлөө**	bijløø
Walzer (m)	**вальс**	valʲs
Tango (m)	**танго**	tango

153. Bestattungen. Begräbnis

Friedhof (m)	**мүрзө**	myrzø
Grab (n)	**мүрзө**	myrzø
Kreuz (n)	**крест**	krest
Grabstein (m)	**мүрзө үстүндөгү жазуу**	myrzø ystyndøgy dʒazuu
Zaun (m)	**тосмо**	tosmo
Kapelle (f)	**кичинекей чиркөө**	kitʃinekej tʃirkøø
Tod (m)	**өлүм**	ølym
sterben (vi)	**өлүү**	ølyy
Verstorbene (m)	**маркум**	markum
Trauer (f)	**аза**	aza
begraben (vt)	**көмүү**	kømyy
Bestattungsinstitut (n)	**ырасым бюросу**	ırasım bʉrosu
Begräbnis (n)	**сөөк узатуу жана көмүү**	søøk uzatuu dʒana kømyy
Kranz (m)	**гүлчамбар**	gyltʃambar
Sarg (m)	**табыт**	tabıt
Katafalk (m)	**катафалк**	katafalk
Totenhemd (n)	**кепин**	kepin
Trauerzug (m)	**узатуу жүрүшү**	uzatuu dʒyryʃy
Urne (f)	**сөөк күлдүн кутусу**	søøk kyldyn kutusu
Krematorium (n)	**крематорий**	krematorij
Nachruf (m)	**некролог**	nekrolog
weinen (vi)	**ыйлоо**	ıjloo
schluchzen (vi)	**боздоп ыйлоо**	bozdop ıjloo

154. Krieg. Soldaten

Zug (m)	**взвод**	vzvod
Kompanie (f)	**рота**	rota

Regiment (n)	**полк**	polk
Armee (f)	**армия**	armija
Division (f)	**дивизия**	divizija
Abteilung (f)	**отряд**	otrʲad
Heer (n)	**куралдуу аскер**	kuralduu asker
Soldat (m)	**аскер**	asker
Offizier (m)	**офицер**	ofitser
Soldat (m)	**катардагы жоокер**	katardagı ʤooker
Feldwebel (m)	**сержант**	serʤant
Leutnant (m)	**лейтенант**	lejtenant
Hauptmann (m)	**капитан**	kapitan
Major (m)	**майор**	major
Oberst (m)	**полковник**	polkovnik
General (m)	**генерал**	general
Matrose (m)	**деңизчи**	deŋiztʃi
Kapitän (m)	**капитан**	kapitan
Bootsmann (m)	**боцман**	botsman
Artillerist (m)	**артиллерист**	artillerist
Fallschirmjäger (m)	**десантник**	desantnik
Pilot (m)	**учкуч**	utʃkutʃ
Steuermann (m)	**штурман**	ʃturman
Mechaniker (m)	**механик**	meχanik
Pionier (m)	**сапёр**	sapʲor
Fallschirmspringer (m)	**парашютист**	paraʃʉtist
Aufklärer (m)	**чалгынчы**	tʃalgıntʃı
Scharfschütze (m)	**көзатар**	køzatar
Patrouille (f)	**жол-күзөт**	ʤol-kyzøt
patrouillieren (vi)	**жол-күзөткө чыгуу**	ʤol-kyzøtkø tʃıguu
Wache (f)	**сакчы**	saktʃı
Krieger (m)	**жоокер**	ʤooker
Patriot (m)	**мекенчил**	mekentʃil
Held (m)	**баатыр**	baatır
Heldin (f)	**баатыр айым**	baatır ajım
Verräter (m)	**чыккынчы**	tʃıkkıntʃı
verraten (vt)	**кыянаттык кылуу**	kıjanattık kıluu
Deserteur (m)	**качкын**	katʃkın
desertieren (vi)	**качуу**	katʃuu
Söldner (m)	**жалданма**	ʤaldanma
Rekrut (m)	**жаңы алынган аскер**	ʤaŋı alıngan asker
Freiwillige (m)	**ыктыярчы**	ıktıjartʃı
Getoetete (m)	**өлтүрүлгөн**	øltyrylgøn
Verwundete (m)	**жарадар**	ʤaradar
Kriegsgefangene (m)	**туткун**	tutkun

155. Krieg. Militärische Aktionen. Teil 1

Krieg (m)	**согуш**	soguʃ
Krieg führen	**согушуу**	soguʃuu
Bürgerkrieg (m)	**жарандык согуш**	ʤarandık soguʃ
heimtückisch (Adv)	**жүзү каралык менен кол салуу**	ʤyzy karalık menen kol saluu
Kriegserklärung (f)	**согушту жарыялоо**	soguʃtu ʤarıjaloo
erklären (den Krieg ~)	**согуш жарыялоо**	soguʃ ʤarıjaloo
Aggression (f)	**агрессия**	agressija
einfallen (Staat usw.)	**кол салуу**	kol saluu
einfallen (in ein Land ~)	**басып алуу**	basıp aluu
Invasoren (pl)	**баскынчы**	baskıntʃı
Eroberer (m), Sieger (m)	**басып алуучу**	basıp aluutʃu
Verteidigung (f)	**коргонуу**	korgonuu
verteidigen (vt)	**коргоо**	korgoo
sich verteidigen	**коргонуу**	korgonuu
Feind (m)	**душман**	duʃman
Gegner (m)	**каршылаш**	karʃılaʃ
Feind-	**душмандын**	duʃmandın
Strategie (f)	**стратегия**	strategija
Taktik (f)	**тактика**	taktika
Befehl (m)	**буйрук**	bujruk
Anordnung (f)	**команда**	komanda
befehlen (vt)	**буйрук берүү**	bujruk beryy
Auftrag (m)	**тапшырма**	tapʃırma
geheim (Adj)	**жашыруун**	ʤaʃıruun
Gefecht (n)	**салгылаш**	salgılaʃ
Schlacht (f)	**согуш**	soguʃ
Kampf (m)	**салгылаш**	salgılaʃ
Angriff (m)	**чабуул**	tʃabuul
Sturm (m)	**чабуул**	tʃabuul
stürmen (vt)	**чабуул жасоо**	tʃabuul ʤasoo
Belagerung (f)	**тегеректеп курчоо**	tegerektep kurtʃoo
Angriff (m)	**чабуул**	tʃabuul
angreifen (vt)	**чабуул салуу**	tʃabuul saluu
Rückzug (m)	**чегинүү**	tʃeginyy
sich zurückziehen	**чегинүү**	tʃeginyy
Einkesselung (f)	**курчоо**	kurtʃoo
einkesseln (vt)	**курчоого алуу**	kurtʃoogo aluu
Bombenangriff (m)	**бомба жаадыруу**	bomba ʤaadıruu
eine Bombe abwerfen	**бомба таштоо**	bomba taʃtoo
bombardieren (vt)	**бомба жаадыруу**	bomba ʤaadıruu

Explosion (f)	**жарылуу**	ʤarıluu
Schuss (m)	**атылуу**	atıluu
schießen (vt)	**атуу**	atuu
Schießerei (f)	**атуу**	atuu
zielen auf ...	**мээлөө**	meeløø
richten (die Waffe)	**мээлөө**	meeløø
treffen (ins Schwarze ~)	**тийүү**	tijyy
versenken (vt)	**чөктүрүү**	ʧøktyryy
Loch (im Schiffsrumpf)	**тешик**	teʃik
versinken (Schiff)	**суу астына кетүү**	suu astına ketyy
Front (f)	**майдан**	majdan
Evakuierung (f)	**эвакуация**	evakuaʦija
evakuieren (vt)	**эвакуациялоо**	evakuaʦijaloo
Schützengraben (m)	**окоп**	okop
Stacheldraht (m)	**тикендүү зым**	tikendyy zım
Sperre (z.B. Panzersperre)	**тосмо**	tosmo
Wachtturm (m)	**мунара**	munara
Lazarett (n)	**госпиталь**	gospitalʲ
verwunden (vt)	**жарадар кылуу**	ʤaradar kıluu
Wunde (f)	**жара**	ʤara
Verwundete (m)	**жарадар**	ʤaradar
verletzt sein	**жаракат алуу**	ʤarakat aluu
schwer (-e Verletzung)	**оор жаракат**	oor ʤarakat

156. Waffen

Waffe (f)	**курал**	kural
Schusswaffe (f)	**курал жарак**	kural ʤarak
blanke Waffe (f)	**атылбас курал**	atılbas kural
chemischen Waffen (pl)	**химиялык курал**	χimijalık kural
Kern-, Atom-	**ядерлүү**	jaderlyy
Kernwaffe (f)	**ядерлүү курал**	jaderlyy kural
Bombe (f)	**бомба**	bomba
Atombombe (f)	**атом бомбасы**	atom bombası
Pistole (f)	**тапанча**	tapanʧa
Gewehr (n)	**мылтык**	mıltık
Maschinenpistole (f)	**автомат**	avtomat
Maschinengewehr (n)	**пулемёт**	pulemʲot
Mündung (f)	**мылтыктын оозу**	mıltıktın oozu
Lauf (Gewehr-)	**ствол**	stvol
Kaliber (n)	**калибр**	kalibr
Abzug (m)	**курок**	kurok
Visier (n)	**кароолго алуу**	karoolgo aluu
Magazin (n)	**магазин**	magazin

Kolben (m)	**кундак**	kyndak
Handgranate (f)	**граната**	granata
Sprengstoff (m)	**жарылуучу зат**	ʤarıluuʧu zat
Kugel (f)	**ок**	ok
Patrone (f)	**патрон**	patron
Ladung (f)	**дүрмөк**	dyrmøk
Munition (f)	**ок-дары**	ok-darı
Bomber (m)	**бомбалоочу**	bombalooʧu
Kampfflugzeug (n)	**кыйраткыч учак**	kıjratkıʧ uʧak
Hubschrauber (m)	**вертолёт**	vertolʲot
Flugabwehrkanone (f)	**зенитка**	zenitka
Panzer (m)	**танк**	tank
Panzerkanone (f)	**замбирек**	zambirek
Artillerie (f)	**артиллерия**	artillerija
Kanone (f)	**замбирек**	zambirek
richten (die Waffe)	**мээлөө**	meeløø
Geschoß (n)	**снаряд**	snarʲad
Wurfgranate (f)	**мина**	mina
Granatwerfer (m)	**миномёт**	minomʲot
Splitter (m)	**сыныктар**	sınıktar
U-Boot (n)	**суу астында жүрүүчү кеме**	suu astında ʤyryyʧy keme
Torpedo (m)	**торпеда**	torpeda
Rakete (f)	**ракета**	raketa
laden (Gewehr)	**октоо**	oktoo
schießen (vi)	**атуу**	atuu
zielen auf ...	**мээлөө**	meeløø
Bajonett (n)	**найза**	najza
Degen (m)	**шпага**	ʃpaga
Säbel (m)	**кылыч**	kılıʧ
Speer (m)	**найза**	najza
Bogen (m)	**жаа**	ʤaa
Pfeil (m)	**жебе**	ʤebe
Muskete (f)	**мушкет**	muʃket
Armbrust (f)	**арбалет**	arbalet

157. Menschen der Antike

vorzeitlich	**алгачкы**	algaʧkı
prähistorisch	**тарыхтан илгери**	tarıχtan ilgeri
alt (antik)	**байыркы**	bajırkı
Steinzeit (f)	**Таш доору**	taʃ dooru
Bronzezeit (f)	**Коло доору**	kolo dooru
Eiszeit (f)	**Муз доору**	muz dooru
Stamm (m)	**уруу**	uruu

Kannibale (m)	**адам жегич**	adam ʤegiʧ
Jäger (m)	**аңчы**	aŋʧı
jagen (vi)	**аңчылык кылуу**	aŋʧılık kıluu
Mammut (n)	**мамонт**	mamont
Höhle (f)	**үңкүр**	yŋkyr
Feuer (n)	**от**	ot
Lagerfeuer (n)	**от**	ot
Höhlenmalerei (f)	**ташка чегерилген сүрөт**	taʃka ʧegerilgen syrøt
Werkzeug (n)	**эмгек куралы**	emgek kuralı
Speer (m)	**найза**	najza
Steinbeil (n), Steinaxt (f)	**таш балта**	taʃ balta
Krieg führen	**согушуу**	soguʃuu
domestizieren (vt)	**колго көндүрүү**	kolgo køndyryy
Idol (n)	**бут**	but
anbeten (vt)	**сыйынуу**	sıjınuu
Aberglaube (m)	**жок нерсеге ишенүү**	ʤok nersege iʃenyy
Brauch (m), Ritus (m)	**ырым-жырым**	ırım-ʤırım
Evolution (f)	**эволюция**	evolʉtsija
Entwicklung (f)	**өнүгүү**	ønygyy
Verschwinden (n)	**жок болуу**	ʤok boluu
sich anpassen	**ылайыкташуу**	ılajıktaʃuu
Archäologie (f)	**археология**	arχeologija
Archäologe (m)	**археолог**	arχeolog
archäologisch	**археологиялык**	arχeologijalık
Ausgrabungsstätte (f)	**казуу жери**	kazuu ʤeri
Ausgrabungen (pl)	**казуу иштери**	kazuu iʃteri
Fund (m)	**табылга**	tabılga
Fragment (n)	**фрагмент**	fragment

158. Mittelalter

Volk (n)	**эл**	el
Völker (pl)	**элдер**	elder
Stamm (m)	**уруу**	uruu
Stämme (pl)	**уруулар**	uruular
Barbaren (pl)	**варварлар**	varvarlar
Gallier (pl)	**галлдар**	galldar
Goten (pl)	**готтор**	gottor
Slawen (pl)	**славяндар**	slavʲandar
Wikinger (pl)	**викингдер**	vikingder
Römer (pl)	**римдиктер**	rimdikter
römisch	**римдик**	rimdik
Byzantiner (pl)	**византиялыктар**	vizantijalıktar
Byzanz (n)	**Византия**	vizantija
byzantinisch	**византиялык**	vizantijalık

Kaiser (m)	**император**	imperator
Häuptling (m)	**башчы**	baʃʧı
mächtig (Kaiser usw.)	**кудуреттүү**	kudurettyy
König (m)	**король, падыша**	korolʲ, padıʃa
Herrscher (Monarch)	**башкаруучу**	baʃkaruuʧu
Ritter (m)	**рыцарь**	rıʦarʲ
Feudalherr (m)	**феодал**	feodal
feudal, Feudal-	**феодалдуу**	feodalduu
Vasall (m)	**вассал**	vassal
Herzog (m)	**герцог**	gerʦog
Graf (m)	**граф**	graf
Baron (m)	**барон**	baron
Bischof (m)	**епископ**	episkop
Rüstung (f)	**курал жана соот-шайман**	kural ʤana soot-ʃajman
Schild (m)	**калкан**	kalkan
Schwert (n)	**кылыч**	kılıʧ
Visier (n)	**туулганын бет калканы**	tuulganın bet kalkanı
Panzerhemd (n)	**зоот**	zoot
Kreuzzug (m)	**крест астындагы черүү**	krest astındagı ʧeryy
Kreuzritter (m)	**черүүгө чыгуучу**	ʧeryygø ʧıguuʧu
Territorium (n)	**аймак**	ajmak
einfallen (vt)	**кол салуу**	kol saluu
erobern (vt)	**ээ болуу**	ee boluu
besetzen (Land usw.)	**басып алуу**	basıp aluu
Belagerung (f)	**тегеректеп курчоо**	tegerektep kurʧoo
belagert	**курчалган**	kurʧalgan
belagern (vt)	**курчоого алуу**	kurʧoogo aluu
Inquisition (f)	**инквизиция**	inkviziʦija
Inquisitor (m)	**инквизитор**	inkvizitor
Folter (f)	**кыйноо**	kıjnoo
grausam (-e Folter)	**ырайымсыз**	ırajımsız
Häretiker (m)	**еретик**	eretik
Häresie (f)	**ересь**	eresʲ
Seefahrt (f)	**деңизде сүзүү**	deŋizde syzyy
Seeräuber (m)	**деңиз каракчысы**	deŋiz karakʧısı
Seeräuberei (f)	**деңиз каракчылыгы**	deŋiz karakʧılıgı
Enterung (f)	**абордаж**	abordaʒ
Beute (f)	**олжо**	olʤo
Schätze (pl)	**казына**	kazına
Entdeckung (f)	**ачылыш**	aʧılıʃ
entdecken (vt)	**таап ачуу**	taap aʧuu
Expedition (f)	**экспедиция**	ekspediʦija
Musketier (m)	**мушкетёр**	muʃketʲor
Kardinal (m)	**кардинал**	kardinal
Heraldik (f)	**геральдика**	geralʲdika
heraldisch	**гералдык**	geraldık

159. Führungspersonen. Chef. Behörden

König (m)	**король, падыша**	korolʲ, padıʃa
Königin (f)	**ханыша**	χanıʃa
königlich	**падышалык**	padıʃalık
Königreich (n)	**падышалык**	padıʃalık
Prinz (m)	**канзаада**	kanzaada
Prinzessin (f)	**ханбийке**	χanbijke
Präsident (m)	**президент**	prezident
Vizepräsident (m)	**вице-президент**	vitse-prezident
Senator (m)	**сенатор**	senator
Monarch (m)	**монарх**	monarχ
Herrscher (m)	**башкаруучу**	baʃkaruutʃu
Diktator (m)	**диктатор**	diktator
Tyrann (m)	**зулум**	zulum
Magnat (m)	**магнат**	magnat
Direktor (m)	**директор**	direktor
Chef (m)	**башчы**	baʃtʃı
Leiter (einer Abteilung)	**башкаруучу**	baʃkaruutʃu
Boss (m)	**шеф**	ʃef
Eigentümer (m)	**кожоюн**	kodʒodʒʉn
Führer (m)	**алдыңкы катардагы**	aldıŋkı katardagı
Leiter (Delegations-)	**башчы**	baʃtʃı
Behörden (pl)	**бийликтер**	bijlikter
Vorgesetzten (pl)	**башчылар**	baʃtʃılar
Gouverneur (m)	**губернатор**	gubernator
Konsul (m)	**консул**	konsul
Diplomat (m)	**дипломат**	diplomat
Bürgermeister (m)	**мэр**	mer
Sheriff (m)	**шериф**	ʃerif
Kaiser (m)	**император**	imperator
Zar (m)	**падыша**	padıʃa
Pharao (m)	**фараон**	faraon
Khan (m)	**хан**	χan

160. Gesetzesverstoß Verbrecher. Teil 1

Bandit (m)	**ууру-кески**	uuru-keski
Verbrechen (n)	**кылмыш**	kılmıʃ
Verbrecher (m)	**кылмышкер**	kılmıʃker
Dieb (m)	**ууру**	uuru
stehlen (vt)	**уурдоо**	uurdoo
Diebstahl (Aktivität)	**уруулук**	uruuluk
Stehlen (n)	**уурдоо**	uurdoo
kidnappen (vt)	**ала качуу**	ala katʃuu

Kidnapping (n)	**ала качуу**	ala katʃuu
Kidnapper (m)	**ала качуучу**	ala katʃuutʃu
Lösegeld (n)	**кутказуу акчасы**	kutkazuu aktʃası
Lösegeld verlangen	**кутказуу акчага талап коюу**	kutkazuu aktʃaga talap kojʉu
rauben (vt)	**тоноо**	tonoo
Raub (m)	**тоноо**	tonoo
Räuber (m)	**тоноочу**	tonootʃu
erpressen (vt)	**опузалоо**	opuzaloo
Erpresser (m)	**опузалоочу**	opuzalootʃu
Erpressung (f)	**опуза**	opuza
morden (vt)	**өлтүрүү**	øltyryy
Mord (m)	**өлтүрүү**	øltyryy
Mörder (m)	**киши өлтүргүч**	kiʃi øltyrgytʃ
Schuss (m)	**атылуу**	atıluu
schießen (vt)	**атуу**	atuu
erschießen (vt)	**атып салуу**	atıp saluu
feuern (vi)	**атуу**	atuu
Schießerei (f)	**атышуу**	atıʃuu
Vorfall (m)	**окуя**	okuja
Schlägerei (f)	**уруш**	uruʃ
Hilfe!	**Жардамга!**	dʒardamga!
Opfer (n)	**жапа чеккен**	dʒapa tʃekken
beschädigen (vt)	**зыян келтирүү**	zıjan keltiryy
Schaden (m)	**залал**	zalal
Leiche (f)	**өлүк**	ølyk
schwer (-es Verbrechen)	**оор**	oor
angreifen (vt)	**кол салуу**	kol saluu
schlagen (vt)	**уруу**	uruu
verprügeln (vt)	**ур-токмокко алуу**	ur-tokmokko aluu
wegnehmen (vt)	**тартып алуу**	tartıp aluu
erstechen (vt)	**союп өлтүрүү**	sojʉp øltyryy
verstümmeln (vt)	**майып кылуу**	majıp kıluu
verwunden (vt)	**жарадар кылуу**	dʒaradar kıluu
Erpressung (f)	**шантаж кылуу**	ʃantadʒ kıluu
erpressen (vt)	**шантаждоо**	ʃantadʒdoo
Erpresser (m)	**шантажист**	ʃantadʒist
Schutzgelderpressung (f)	**рэкет**	reket
Erpresser (Racketeer)	**рэкетир**	reketir
Gangster (m)	**гангстер**	gangster
Mafia (f)	**мафия**	mafija
Taschendieb (m)	**чөнтөк ууру**	tʃøntøk uuru
Einbrecher (m)	**бузуп алуучу ууру**	buzup aluutʃu uuru
Schmuggel (m)	**контрабанда**	kontrabanda
Schmuggler (m)	**контрабандачы**	kontrabandatʃı

Fälschung (f)	**окшотуп жасоо**	okʃotup ʤasoo
fälschen (vt)	**жасалмалоо**	ʤasalmaloo
gefälscht	**жасалма**	ʤasalma

161. Gesetzesbruch. Verbrecher. Teil 2

Vergewaltigung (f)	**зордуктоо**	zorduktoo
vergewaltigen (vt)	**зордуктоо**	zorduktoo
Gewalttäter (m)	**зордукчул**	zorduktʃul
Besessene (m)	**маньяк**	manjak
Prostituierte (f)	**сойку**	sojku
Prostitution (f)	**сойкучулук**	sojkutʃuluk
Zuhälter (m)	**жак бакты**	ʤak baktı
Drogenabhängiger (m)	**баңги**	baŋgi
Drogenhändler (m)	**баңгизат сатуучу**	baŋgizat satuutʃu
sprengen (vt)	**жардыруу**	ʤardıruu
Explosion (f)	**жарылуу**	ʤarıluu
in Brand stecken	**өрттөө**	ørttøø
Brandstifter (m)	**өрттөөчү**	ørttøøtʃy
Terrorismus (m)	**терроризм**	terrorizm
Terrorist (m)	**террорист**	terrorist
Geisel (m, f)	**заложник**	zaloʤnik
betrügen (vt)	**алдоо**	aldoo
Betrug (m)	**алдамчылык**	aldamtʃılık
Betrüger (m)	**алдамчы**	aldamtʃı
bestechen (vt)	**сатып алуу**	satıp aluu
Bestechlichkeit (f)	**сатып алуу**	satıp aluu
Bestechungsgeld (n)	**пара**	para
Gift (n)	**уу**	uu
vergiften (vt)	**ууландыруу**	uulandıruu
sich vergiften	**ууланууу**	uulanuu
Selbstmord (m)	**жанын кыюу**	ʤanın kıʤʉu
Selbstmörder (m)	**жанын кыйгыч**	ʤanın kıjgıtʃ
drohen (vi)	**коркутуу**	korkutuu
Drohung (f)	**коркунуч**	korkunutʃ
versuchen (vt)	**кол салуу**	kol saluu
Attentat (n)	**кол салуу**	kol saluu
stehlen (Auto ~)	**айдап кетүү**	ajdap ketyy
entführen (Flugzeug ~)	**ала качуу**	ala katʃuu
Rache (f)	**кек**	kek
sich rächen	**өч алуу**	øtʃ aluu
foltern (vt)	**кыйноо**	kıjnoo
Folter (f)	**кыйноо**	kıjnoo

quälen (vt)	**азапка салуу**	azapka saluu
Seeräuber (m)	**деңиз каракчысы**	deŋiz karakʧısı
Rowdy (m)	**бейбаш**	bejbaʃ
bewaffnet	**куралданган**	kuraldangan
Gewalt (f)	**зордук**	zorduk
ungesetzlich	**мыйзамдан тыш**	mıjzamdan tıʃ
Spionage (f)	**тыңчылык**	tıŋʧılık
spionieren (vi)	**тыңчылык кылуу**	tıŋʧılık kıluu

162. Polizei Recht. Teil 1

Justiz (f)	**адилеттүү сот**	adilettyy sot
Gericht (n)	**сот**	sot
Richter (m)	**сот**	sot
Geschworenen (pl)	**сот калыстары**	sot kalıstarı
Geschworenengericht (n)	**калыстар соту**	sot
richten (vt)	**сотко тартуу**	sotko tartuu
Rechtsanwalt (m)	**жактоочу**	ʤaktooʧu
Angeklagte (m)	**сот жообуна тартылган киши**	sot ʤoobuna tartılgan kiʃi
Anklagebank (f)	**соттуулар отуруучу орун**	sottuular oturuuʧu orun
Anklage (f)	**айыптоо**	ajıptoo
Beschuldigte (m)	**айыпталуучу**	ajıptaluuʧu
Urteil (n)	**өкүм**	økym
verurteilen (vt)	**өкүм чыгаруу**	økym ʧıgaruu
Schuldige (m)	**күнөөкөр**	kynøøkør
bestrafen (vt)	**жазалоо**	ʤazaloo
Strafe (f)	**жаза**	ʤaza
Geldstrafe (f)	**айып**	ajıp
lebenslange Haft (f)	**өмүр бою**	ømyr boju
Todesstrafe (f)	**өлүм жазасы**	ølym ʤazası
elektrischer Stuhl (m)	**электр столу**	elektr stolu
Galgen (m)	**дарга**	darga
hinrichten (vt)	**өлүм жазасын аткаруу**	ølym ʤazasın atkaruu
Hinrichtung (f)	**өлүм жазасын аткаруу**	ølym ʤazasın atkaruu
Gefängnis (n)	**түрмө**	tyrmø
Zelle (f)	**камера**	kamera
Eskorte (f)	**конвой**	konvoj
Gefängniswärter (m)	**түрмө сакчысы**	tyrmø sakʧısı
Gefangene (m)	**камактагы адам**	kamaktagı adam
Handschellen (pl)	**кишен**	kiʃen
Handschellen anlegen	**кишен кийгизүү**	kiʃen kijgizyy
Ausbruch (Flucht)	**качуу**	kaʧuu

ausbrechen (vi)	**качуу**	katʃuu
verschwinden (vi)	**жоголуп кетүү**	dʒogolup ketyy
aus ... entlassen	**бошотуу**	boʃotuu
Amnestie (f)	**амнистия**	amnistija
Polizei (f)	**полиция**	politsija
Polizist (m)	**полиция кызматкери**	politsija kızmatkeri
Polizeiwache (f)	**полиция бөлүмү**	politsija bølymy
Gummiknüppel (m)	**резина союлчасы**	rezina sojultʃası
Sprachrohr (n)	**керней**	kernej
Streifenwagen (m)	**жол күзөт машинасы**	dʒol kyzøt maʃinası
Sirene (f)	**сирена**	sirena
die Sirene einschalten	**сиренаны басуу**	sirenanı basuu
Sirenengeheul (n)	**сиренанын боздошу**	sirenanın bozdoʃu
Tatort (m)	**кылмыш болгон жер**	kılmıʃ bolgon dʒer
Zeuge (m)	**күбө**	kybø
Freiheit (f)	**эркиндик**	erkindik
Komplize (m)	**шерик**	ʃerik
verschwinden (vi)	**из жашыруу**	iz dʒaʃıruu
Spur (f)	**из**	iz

163. Polizei. Recht. Teil 2

Fahndung (f)	**издөө**	izdøø
suchen (vt)	**... издөө**	... izdøø
Verdacht (m)	**шек**	ʃek
verdächtig (Adj)	**шектүү**	ʃektyy
anhalten (Polizei)	**токтотуу**	toktotuu
verhaften (vt)	**кармоо**	karmoo
Fall (m), Klage (f)	**иш**	iʃ
Untersuchung (f)	**териштирүү**	teriʃtiryy
Detektiv (m)	**аңдуучу**	aŋduutʃu
Ermittlungsrichter (m)	**тергөөчү**	tergøøtʃy
Version (f)	**жоромол**	dʒoromol
Motiv (n)	**себеп**	sebep
Verhör (n)	**сурак**	surak
verhören (vt)	**суракка алуу**	surakka aluu
vernehmen (vt)	**сураштыруу**	suraʃtıruu
Kontrolle (Personen-)	**текшерүү**	tekʃeryy
Razzia (f)	**тегеректөө**	tegerektøø
Durchsuchung (f)	**тинтүү**	tintyy
Verfolgung (f)	**куу**	kuu
nachjagen (vi)	**изине түшүү**	izine tyʃyy
verfolgen (vt)	**изине түшүү**	izine tyʃyy
Verhaftung (f)	**камак**	kamak
verhaften (vt)	**камакка алуу**	kamakka aluu
fangen (vt)	**кармоо**	karmoo
Festnahme (f)	**колго түшүрүү**	kolgo tyʃyryy

Dokument (n)	**документ**	dokument
Beweis (m)	**далил**	dalil
beweisen (vt)	**далилдөө**	dalildøø
Fußspur (f)	**из**	iz
Fingerabdrücke (pl)	**манжанын изи**	manʤanın izi
Beweisstück (n)	**далил**	dalil
Alibi (n)	**алиби**	alibi
unschuldig	**бейкүнөө**	bejkynøø
Ungerechtigkeit (f)	**адилетсиздик**	adiletsizdik
ungerecht	**адилетсиз**	adiletsiz
Kriminal-	**кылмыштуу**	kılmıʃtuu
beschlagnahmen (vt)	**тартып алуу**	tartıp aluu
Droge (f)	**баңгизат**	baŋgizat
Waffe (f)	**курал**	kural
entwaffnen (vt)	**куралсыздандыруу**	kuralsızdandıruu
befehlen (vt)	**буйрук берүү**	bujruk beryy
verschwinden (vi)	**жоголуп кетүү**	ʤogolup ketyy
Gesetz (n)	**мыйзам**	mıjzam
gesetzlich	**мыйзамдуу**	mıjzamduu
ungesetzlich	**мыйзамдан тыш**	mıjzamdan tıʃ
Verantwortlichkeit (f)	**жоопкерчилик**	ʤoopkerʧilik
verantwortlich	**жоопкерчиликтүү**	ʤoopkerʧiliktyy

NATUR

Die Erde. Teil 1

164. Weltall

Kosmos (m)	**космос**	kosmos
kosmisch, Raum-	**космос**	kosmos
Weltraum (m)	**космос мейкиндиги**	kosmos mejkindigi
All (n)	**дүйнө**	dyjnø
Universum (n)	**аалам**	aalam
Galaxie (f)	**галактика**	galaktika
Stern (m)	**жылдыз**	ʤɪldɪz
Gestirn (n)	**жылдыздар**	ʤɪldɪzdar
Planet (m)	**планета**	planeta
Satellit (m)	**жолдош**	ʤoldoʃ
Meteorit (m)	**метеорит**	meteorit
Komet (m)	**комета**	kometa
Asteroid (m)	**астероид**	asteroid
Umlaufbahn (f)	**орбита**	orbita
sich drehen	**айлануу**	ajlanuu
Atmosphäre (f)	**атмосфера**	atmosfera
Sonne (f)	**күн**	kyn
Sonnensystem (n)	**күн системасы**	kyn sistemasɪ
Sonnenfinsternis (f)	**күндүн тутулушу**	kyndyn tutuluʃu
Erde (f)	**Жер**	ʤer
Mond (m)	**Ай**	aj
Mars (m)	**Марс**	mars
Venus (f)	**Венера**	venera
Jupiter (m)	**Юпитер**	jʉpiter
Saturn (m)	**Сатурн**	saturn
Merkur (m)	**Меркурий**	merkurij
Uran (m)	**Уран**	uran
Neptun (m)	**Нептун**	neptun
Pluto (m)	**Плутон**	pluton
Milchstraße (f)	**Саманчынын жолу**	samanʧɪnɪn ʤolu
Der Große Bär	**Чоң Жетиген**	ʧoŋ ʤetigen
Polarstern (m)	**Полярдык Жылдыз**	polʲardɪk ʤɪldɪz
Marsbewohner (m)	**марсианин**	marsianin
Außerirdischer (m)	**инопланетянин**	inoplanetʲanin

außerirdisches Wesen (n)	**келгин**	kelgin
fliegende Untertasse (f)	**учуучу табак**	utʃuutʃu tabak
Raumschiff (n)	**космос кемеси**	kosmos kemesi
Raumstation (f)	**орбитадагы станция**	orbitadagı stantsija
Raketenstart (m)	**старт**	start
Triebwerk (n)	**кыймылдаткыч**	kıjmıldatkıtʃ
Düse (f)	**сопло**	soplo
Treibstoff (m)	**күйүүчү май**	kyjyytʃy may
Kabine (f)	**кабина**	kabina
Antenne (f)	**антенна**	antenna
Bullauge (n)	**иллюминатор**	illʉminator
Sonnenbatterie (f)	**күн батареясы**	kyn batarejası
Raumanzug (m)	**скафандр**	skafandr
Schwerelosigkeit (f)	**салмаксыздык**	salmaksızdık
Sauerstoff (m)	**кислород**	kislorod
Ankopplung (f)	**жалгаштыруу**	ʤalgaʃtıruu
koppeln (vi)	**жалгаштыруу**	ʤalgaʃtıruu
Observatorium (n)	**обсерватория**	observatorija
Teleskop (n)	**телескоп**	teleskop
beobachten (vt)	**байкоо**	bajkoo
erforschen (vt)	**изилдөө**	izildøø

165. Die Erde

Erde (f)	**Жер**	ʤer
Erdkugel (f)	**жер шары**	ʤer ʃarı
Planet (m)	**планета**	planeta
Atmosphäre (f)	**атмосфера**	atmosfera
Geographie (f)	**география**	geografija
Natur (f)	**табийгат**	tabijgat
Globus (m)	**глобус**	globus
Landkarte (f)	**карта**	karta
Atlas (m)	**атлас**	atlas
Europa (n)	**Европа**	evropa
Asien (n)	**Азия**	azija
Afrika (n)	**Африка**	afrika
Australien (n)	**Австралия**	avstralija
Amerika (n)	**Америка**	amerika
Nordamerika (n)	**Северная Америка**	severnaja amerika
Südamerika (n)	**Южная Америка**	jʉʤnaja amerika
Antarktis (f)	**Антарктида**	antarktida
Arktis (f)	**Арктика**	arktika

166. Himmelsrichtungen

Norden (m)	**түндүк**	tyndyk
nach Norden	**түндүккө**	tyndykkø
im Norden	**түндүктө**	tyndyktø
nördlich	**түндүк**	tyndyk
Süden (m)	**түштүк**	tyʃtyk
nach Süden	**түштүккө**	tyʃtykkø
im Süden	**түштүктө**	tyʃtyktø
südlich	**түштүк**	tyʃtyk
Westen (m)	**батыш**	batıʃ
nach Westen	**батышка**	batıʃka
im Westen	**батышта**	batıʃta
westlich, West-	**батыш**	batıʃ
Osten (m)	**чыгыш**	ʧıgıʃ
nach Osten	**чыгышка**	ʧıgıʃka
im Osten	**чыгышта**	ʧıgıʃta
östlich	**чыгыш**	ʧıgıʃ

167. Meer. Ozean

Meer (n), See (f)	**деңиз**	deŋiz
Ozean (m)	**мухит**	muχit
Golf (m)	**булуң**	buluŋ
Meerenge (f)	**кысык**	kısık
Festland (n)	**жер**	ʤer
Kontinent (m)	**материк**	materik
Insel (f)	**арал**	aral
Halbinsel (f)	**жарым арал**	ʤarım aral
Archipel (m)	**архипелаг**	arχipelag
Bucht (f)	**булуң**	buluŋ
Hafen (m)	**гавань**	gavanʲ
Lagune (f)	**лагуна**	laguna
Kap (n)	**тумшук**	tumʃuk
Atoll (n)	**атолл**	atoll
Riff (n)	**риф**	rif
Koralle (f)	**маржан**	marʤan
Korallenriff (n)	**маржан рифи**	marʤan rifi
tief (Adj)	**терең**	tereŋ
Tiefe (f)	**тереңдик**	tereŋdik
Abgrund (m)	**түбү жок**	tyby ʤok
Graben (m)	**ойдуң**	ojduŋ
Strom (m)	**агым**	agım
umspülen (vt)	**курчап туруу**	kurʧap turuu

Ufer (n)	**жээк**	ʤeek
Küste (f)	**жээк**	ʤeek
Flut (f)	**суунун көтөрүлүшү**	suunun køtørylyʃy
Ebbe (f)	**суунун тартылуусу**	suunun tartıluusu
Sandbank (f)	**тайыздык**	tajızdık
Boden (m)	**суунун түбү**	suunun tyby
Welle (f)	**толкун**	tolkun
Wellenkamm (m)	**толкундун кыры**	tolkundun kırı
Schaum (m)	**көбүк**	købyk
Sturm (m)	**бороон чапкын**	boroon ʧapkın
Orkan (m)	**бороон**	boroon
Tsunami (m)	**цунами**	ʦunami
Windstille (f)	**штиль**	ʃtilʲ
ruhig	**тынч**	tınʧ
Pol (m)	**уюл**	ujʉl
Polar-	**полярдык**	polʲardık
Breite (f)	**кеңдик**	keŋdik
Länge (f)	**узундук**	uzunduk
Breitenkreis (m)	**параллель**	parallelʲ
Äquator (m)	**экватор**	ekvator
Himmel (m)	**асман**	asman
Horizont (m)	**горизонт**	gorizont
Luft (f)	**аба**	aba
Leuchtturm (m)	**маяк**	majak
tauchen (vi)	**сүңгүү**	syŋgyy
versinken (vi)	**чөгүп кетүү**	ʧøgyp ketyy
Schätze (pl)	**казына**	kazına

168. Berge

Berg (m)	**тоо**	too
Gebirgskette (f)	**тоо тизмеги**	too tizmegi
Bergrücken (m)	**тоо кыркалары**	too kırkaları
Gipfel (m)	**чоку**	ʧoku
Spitze (f)	**чоку**	ʧoku
Bergfuß (m)	**тоо этеги**	too etegi
Abhang (m)	**эңкейиш**	eŋkejiʃ
Vulkan (m)	**вулкан**	vulkan
tätiger Vulkan (m)	**күйүп жаткан**	kyjyp ʤatkan
schlafender Vulkan (m)	**өчүп калган вулкан**	øʧyp kalgan vulkan
Ausbruch (m)	**атырылып чыгуу**	atırılıp ʧıguu
Krater (m)	**кратер**	krater
Magma (n)	**магма**	magma
Lava (f)	**лава**	lava

glühend heiß (-e Lava)	**кызыган**	kızıgan
Cañon (m)	**каньон**	kanʲon
Schlucht (f)	**капчыгай**	kaptʃıgaj
Spalte (f)	**жарака**	ʤaraka
Abgrund (m) (steiler ~)	**жар**	ʤar
Gebirgspass (m)	**ашуу**	aʃuu
Plateau (n)	**дөңсөө**	døŋsøø
Fels (m)	**зоока**	zooka
Hügel (m)	**дөбө**	døbø
Gletscher (m)	**муз**	muz
Wasserfall (m)	**шаркыратма**	ʃarkıratma
Geiser (m)	**гейзер**	gejzer
See (m)	**көл**	køl
Ebene (f)	**түздүк**	tyzdyk
Landschaft (f)	**теребел**	terebel
Echo (n)	**жаңырык**	ʤaŋırık
Bergsteiger (m)	**альпинист**	alʲpinist
Kletterer (m)	**скалолаз**	skalolaz
bezwingen (vt)	**багындыруу**	bagındıruu
Aufstieg (m)	**тоонун чокусуна чыгуу**	toonun ʧokusuna ʧıguu

169. Flüsse

Fluss (m)	**дарыя**	darıja
Quelle (f)	**булак**	bulak
Flussbett (n)	**сай**	saj
Stromgebiet (n)	**бассейн**	bassejn
einmünden in ...	**... куюу**	... kujʉu
Nebenfluss (m)	**куйма**	kujma
Ufer (n)	**жээк**	ʤeek
Strom (m)	**агым**	agım
stromabwärts	**агым боюнча**	agım bojʉnʧa
stromaufwärts	**агымга каршы**	agımga karʃı
Überschwemmung (f)	**ташкын**	taʃkın
Hochwasser (n)	**суу ташкыны**	suu taʃkını
aus den Ufern treten	**дайранын ташышы**	dajranın taʃıʃı
überfluten (vt)	**суу каптоо**	suu kaptoo
Sandbank (f)	**тайыздык**	tajızdık
Stromschnelle (f)	**босого**	bosogo
Damm (m)	**тогоон**	togoon
Kanal (m)	**канал**	kanal
Stausee (m)	**суу сактагыч**	suu saktagıʧ
Schleuse (f)	**шлюз**	ʃlʉz
Gewässer (n)	**көлмө**	kølmø
Sumpf (m), Moor (n)	**саз**	saz

Marsch (f)	**баткак**	batkak
Strudel (m)	**айлампа**	ajlampa
Bach (m)	**суу**	suu
Trink- (z.B. Trinkwasser)	**ичилчү суу**	iʧilʧy suu
Süß- (Wasser)	**тузсуз**	tuzsuz
Eis (n)	**муз**	muz
zufrieren (vi)	**тоңуп калуу**	toŋup kaluu

170. Wald

Wald (m)	**токой**	tokoj
Wald-	**токойлуу**	tokojluu
Dickicht (n)	**чытырман токой**	ʧıtırman tokoj
Gehölz (n)	**токойчо**	tokojʧo
Lichtung (f)	**аянт**	ajant
Dickicht (n)	**бадал**	badal
Gebüsch (n)	**бадал**	badal
Fußweg (m)	**чыйыр жол**	ʧıjır ʤol
Erosionsrinne (f)	**жар**	ʤar
Baum (m)	**дарак**	darak
Blatt (n)	**жалбырак**	ʤalbırak
Laub (n)	**жалбырак**	ʤalbırak
Laubfall (m)	**жалбырак түшүү мезгили**	ʤalbırak tyʃyy mezgili
fallen (Blätter)	**түшүү**	tyʃyy
Wipfel (m)	**чоку**	ʧoku
Zweig (m)	**бутак**	butak
Ast (m)	**бутак**	butak
Knospe (f)	**бүчүр**	byʧyr
Nadel (f)	**ийне**	ijne
Zapfen (m)	**тобурчак**	toburʧak
Höhlung (f)	**көңдөй**	køŋdøj
Nest (n)	**уя**	uja
Höhle (f)	**ийин**	ijin
Stamm (m)	**сөңгөк**	søŋgøk
Wurzel (f)	**тамыр**	tamır
Rinde (f)	**кыртыш**	kırtıʃ
Moos (n)	**мох**	moχ
entwurzeln (vt)	**дүмүрүн казуу**	dymyryn kazuu
fällen (vt)	**кыюу**	kıjʉu
abholzen (vt)	**токойду кыюу**	tokojdu kıjʉu
Baumstumpf (m)	**дүмүр**	dymyr
Lagerfeuer (n)	**от**	ot
Waldbrand (m)	**өрт**	ørt

löschen (vt)	**өчүрүү**	øʧyryy
Förster (m)	**токойчу**	tokojʧu
Schutz (m)	**өсүмдүктөрдү коргоо**	øsymdyktørdy korgoo
beschützen (vt)	**сактоо**	saktoo
Wilddieb (m)	**браконьер**	brakonjer
Falle (f)	**капкан**	kapkan
sammeln (Pilze ~)	**терүү**	teryy
pflücken (Beeren ~)	**терүү**	teryy
sich verirren	**адашып кетүү**	adaʃıp ketyy

171. natürliche Lebensgrundlagen

Naturressourcen (pl)	**жаратылыш байлыктары**	ʤaratılıʃ bajlıktarı
Bodenschätze (pl)	**пайдалуу кендер**	pajdaluu kender
Vorkommen (n)	**кен**	ken
Feld (Ölfeld usw.)	**кендүү жер**	kendyy ʤer
gewinnen (vt)	**казуу**	kazuu
Gewinnung (f)	**казуу**	kazuu
Erz (n)	**кен**	ken
Bergwerk (n)	**шахта**	ʃaχta
Schacht (m)	**шахта**	ʃaχta
Bergarbeiter (m)	**кенчи**	kenʧi
Erdgas (n)	**газ**	gaz
Gasleitung (f)	**газопровод**	gazoprovod
Erdöl (n)	**мунайзат**	munajzat
Erdölleitung (f)	**мунайзар түтүгү**	munajzar tytygy
Ölquelle (f)	**мунайзат скважинасы**	munajzat skvaʤinası
Bohrturm (m)	**мунайзат мунарасы**	munajzat munarası
Tanker (m)	**танкер**	tanker
Sand (m)	**кум**	kum
Kalkstein (m)	**акиташ**	akitaʃ
Kies (m)	**шагыл**	ʃagıl
Torf (m)	**торф**	torf
Ton (m)	**ылай**	ılaj
Kohle (f)	**көмүр**	kømyr
Eisen (n)	**темир**	temir
Gold (n)	**алтын**	altın
Silber (n)	**күмүш**	kymyʃ
Nickel (n)	**никель**	nikelʲ
Kupfer (n)	**жез**	ʤez
Zink (n)	**цинк**	ʦınk
Mangan (n)	**марганец**	marganeʦ
Quecksilber (n)	**сымап**	sımap
Blei (n)	**коргошун**	korgoʃun
Mineral (n)	**минерал**	mineral
Kristall (m)	**кристалл**	kristall

Marmor (m)	**мрамор**	mramor
Uran (n)	**уран**	uran

Die Erde. Teil 2

172. Wetter

Wetter (n)	**аба-ырайы**	aba-ıraјı
Wetterbericht (m)	**аба-ырайы боюнча маалымат**	aba-ıraјı boјʉnʧa maalımat
Temperatur (f)	**температура**	temperatura
Thermometer (n)	**термометр**	termometr
Barometer (n)	**барометр**	barometr
feucht	**нымдуу**	nımduu
Feuchtigkeit (f)	**ным**	nım
Hitze (f)	**ысык**	ısık
glutheiß	**кыйын ысык**	kıјın ısık
ist heiß	**ысык**	ısık
ist warm	**жылуу**	ʤıluu
warm (Adj)	**жылуу**	ʤıluu
ist kalt	**суук**	suuk
kalt (Adj)	**суук**	suuk
Sonne (f)	**күн**	kyn
scheinen (vi)	**күн тийүү**	kyn tijyy
sonnig (Adj)	**күн ачык**	kyn aʧık
aufgehen (vi)	**чыгуу**	ʧıguu
untergehen (vi)	**батуу**	batuu
Wolke (f)	**булут**	bulut
bewölkt, wolkig	**булуттуу**	buluttuu
Regenwolke (f)	**булут**	bulut
trüb (-er Tag)	**күн бүркөк**	kyn byrkøk
Regen (m)	**жамгыр**	ʤamgır
Es regnet	**жамгыр жаап жатат**	ʤamgır ʤaap ʤatat
regnerisch (-er Tag)	**жаандуу**	ʤaanduu
nieseln (vi)	**дыбыратуу**	dıbıratuu
strömender Regen (m)	**нөшөрлөгөн жаан**	nøʃørløgøn ʤaan
Regenschauer (m)	**нөшөр**	nøʃør
stark (-er Regen)	**катуу**	katuu
Pfütze (f)	**көлчүк**	kølʧyk
nass werden (vi)	**суу болуу**	suu boluu
Nebel (m)	**туман**	tuman
neblig (-er Tag)	**тумандуу**	tumanduu
Schnee (m)	**кар**	kar
Es schneit	**кар жаап жатат**	kar ʤaap ʤatat

173. Unwetter Naturkatastrophen

Gewitter (n)	**чагылгандуу жаан**	ʧagılganduu ʤaan
Blitz (m)	**чагылган**	ʧagılgan
blitzen (vi)	**жарк этүү**	ʤark etyy
Donner (m)	**күн күркүрөө**	kyn kyrkyrøø
donnern (vi)	**күн күркүрөө**	kyn kyrkyrøø
Es donnert	**күн күркүрөп жатат**	kyn kyrkyrøp ʤatat
Hagel (m)	**мөндүр**	møndyr
Es hagelt	**мөндүр түшүп жатат**	møndyr tyʃyp ʤatat
überfluten (vt)	**суу каптоо**	suu kaptoo
Überschwemmung (f)	**ташкын**	taʃkın
Erdbeben (n)	**жер титирөө**	ʤer titirøø
Erschütterung (f)	**жердин силкиниши**	ʤerdin silkiniʃi
Epizentrum (n)	**эпицентр**	epitsentr
Ausbruch (m)	**атырылып чыгуу**	atırılıp ʧıguu
Lava (f)	**лава**	lava
Wirbelsturm (m)	**куюн**	kujun
Tornado (m)	**торнадо**	tornado
Taifun (m)	**тайфун**	tajfun
Orkan (m)	**бороон**	boroon
Sturm (m)	**бороон чапкын**	boroon ʧapkın
Tsunami (m)	**цунами**	tsunami
Zyklon (m)	**циклон**	tsıklon
Unwetter (n)	**жаан-чачындуу күн**	ʤaan-ʧaʧınduu kyn
Brand (m)	**өрт**	ørt
Katastrophe (f)	**кыйроо**	kıjroo
Meteorit (m)	**метеорит**	meteorit
Lawine (f)	**көчкү**	køʧky
Schneelawine (f)	**кар көчкүсү**	kar køʧkysy
Schneegestöber (n)	**кар бороону**	kar boroonu
Schneesturm (m)	**бурганак**	burganak

Fauna

174. Säugetiere. Raubtiere

Raubtier (n)	**жырткыч**	dʒɪrtkɪʧ
Tiger (m)	**жолборс**	dʒolbors
Löwe (m)	**арстан**	arstan
Wolf (m)	**карышкыр**	karɪʃkɪr
Fuchs (m)	**түлкү**	tylky
Jaguar (m)	**ягуар**	jaguar
Leopard (m)	**леопард**	leopard
Gepard (m)	**гепард**	gepard
Panther (m)	**пантера**	pantera
Puma (m)	**пума**	puma
Schneeleopard (m)	**илбирс**	ilbirs
Luchs (m)	**сүлөөсүн**	syløøsyn
Kojote (m)	**койот**	kojot
Schakal (m)	**чөө**	ʧøø
Hyäne (f)	**гиена**	giena

175. Tiere in freier Wildbahn

Tier (n)	**жаныбар**	dʒanɪbar
Bestie (f)	**жапайы жаныбар**	dʒapajɪ dʒanɪbar
Eichhörnchen (n)	**тыйын чычкан**	tɪjɪn ʧɪʧkan
Igel (m)	**кирпичечен**	kirpiʧeʧen
Hase (m)	**коен**	koen
Kaninchen (n)	**коен**	koen
Dachs (m)	**кашкулак**	kaʃkulak
Waschbär (m)	**енот**	enot
Hamster (m)	**хомяк**	χomʲak
Murmeltier (n)	**суур**	suur
Maulwurf (m)	**момолой**	momoloj
Maus (f)	**чычкан**	ʧɪʧkan
Ratte (f)	**келемиш**	kelemiʃ
Fledermaus (f)	**жарганат**	dʒarganat
Hermelin (n)	**арс чычкан**	ars ʧɪʧkan
Zobel (m)	**киш**	kiʃ
Marder (m)	**суусар**	suusar
Wiesel (n)	**ласка**	laska
Nerz (m)	**норка**	norka

Biber (m)	**кемчет**	kemʧet
Fischotter (m)	**кундуз**	kunduz
Pferd (n)	**жылкы**	ʤılkı
Elch (m)	**багыш**	bagıʃ
Hirsch (m)	**бугу**	bugu
Kamel (n)	**төө**	tøø
Bison (m)	**бизон**	bizon
Wisent (m)	**зубр**	zubr
Büffel (m)	**буйвол**	bujvol
Zebra (n)	**зебра**	zebra
Antilope (f)	**антилопа**	antilopa
Reh (n)	**элик**	elik
Damhirsch (m)	**лань**	lanʲ
Gämse (f)	**жейрен**	ʤejren
Wildschwein (n)	**каман**	kaman
Wal (m)	**кит**	kit
Seehund (m)	**тюлень**	tʉlenʲ
Walroß (n)	**морж**	morʤ
Seebär (m)	**деңиз мышыгы**	deŋiz mıʃıgı
Delfin (m)	**дельфин**	delʲfin
Bär (m)	**аюу**	ajʉu
Eisbär (m)	**ак аюу**	ak ajʉu
Panda (m)	**панда**	panda
Affe (m)	**маймыл**	majmıl
Schimpanse (m)	**шимпанзе**	ʃimpanze
Orang-Utan (m)	**орангутанг**	orangutang
Gorilla (m)	**горилла**	gorilla
Makak (m)	**макака**	makaka
Gibbon (m)	**гиббон**	gibbon
Elefant (m)	**пил**	pil
Nashorn (n)	**керик**	kerik
Giraffe (f)	**жираф**	ʤiraf
Flusspferd (n)	**бегемот**	begemot
Känguru (n)	**кенгуру**	kenguru
Koala (m)	**коала**	koala
Manguste (f)	**мангуст**	mangust
Chinchilla (n)	**шиншилла**	ʃinʃilla
Stinktier (n)	**скунс**	skuns
Stachelschwein (n)	**чүткөр**	ʧytkør

176. Haustiere

Katze (f)	**ургаачы мышык**	urgaaʧı mıʃık
Kater (m)	**эркек мышык**	erkek mıʃık
Hund (m)	**ит**	it

Pferd (n)	**жылкы**	ʤılkı
Hengst (m)	**айгыр**	ajgır
Stute (f)	**бээ**	bee
Kuh (f)	**уй**	uj
Stier (m)	**бука**	buka
Ochse (m)	**өгүз**	øgyz
Schaf (n)	**кой**	koj
Widder (m)	**кочкор**	koʧkor
Ziege (f)	**эчки**	eʧki
Ziegenbock (m)	**теке**	teke
Esel (m)	**эшек**	eʃek
Maultier (n)	**качыр**	kaʧır
Schwein (n)	**чочко**	ʧoʧko
Ferkel (n)	**торопой**	toropoj
Kaninchen (n)	**коен**	koen
Huhn (n)	**тоок**	took
Hahn (m)	**короз**	koroz
Ente (f)	**өрдөк**	ørdøk
Enterich (m)	**эркек өрдөк**	erkek ørdøk
Gans (f)	**каз**	kaz
Puter (m)	**күрп**	kyrp
Pute (f)	**ургаачы күрп**	urgaaʧı kyrp
Haustiere (pl)	**үй жаныбарлары**	yj ʤanıbarları
zahm	**колго үйрөтүлгөн**	kolgo yjrøtylgøn
zähmen (vt)	**колго үйрөтүү**	kolgo yjrøtyy
züchten (vt)	**өстүрүү**	østyryy
Farm (f)	**ферма**	ferma
Geflügel (n)	**үй канаттулары**	yj kanattuları
Vieh (n)	**мал**	mal
Herde (f)	**бада**	bada
Pferdestall (m)	**аткана**	atkana
Schweinestall (m)	**чочкокана**	ʧoʧkokana
Kuhstall (m)	**уйкана**	ujkana
Kaninchenstall (m)	**коенкана**	koenkana
Hühnerstall (m)	**тоокана**	tookana

177. Hunde. Hunderassen

Hund (m)	**ит**	it
Schäferhund (m)	**овчарка**	ovʧarka
Deutsche Schäferhund (m)	**немис овчаркасы**	nemis ovʧarkası
Pudel (m)	**пудель**	pudelʲ
Dachshund (m)	**такса**	taksa
Bulldogge (f)	**бульдог**	bulʲdog

Boxer (m)	**боксёр**	boks^jor
Mastiff (m)	**мастиф**	mastif
Rottweiler (m)	**ротвейлер**	rotvejler
Dobermann (m)	**доберман**	doberman
Basset (m)	**бассет**	basset
Bobtail (m)	**бобтейл**	bobtejl
Dalmatiner (m)	**далматинец**	dalmatinets
Cocker-Spaniel (m)	**кокер-спаниэль**	koker-spaniel^j
Neufundländer (m)	**ньюфаундленд**	njʉfaundlend
Bernhardiner (m)	**сенбернар**	senbernar
Eskimohund (m)	**хаски**	χaski
Chow-Chow (m)	**чау-чау**	ʧau-ʧau
Spitz (m)	**шпиц**	ʃpits
Mops (m)	**мопс**	mops

178. Tierlaute

Gebell (n)	**үрүү**	yryy
bellen (vi)	**үрүү**	yryy
miauen (vi)	**миёлоо**	mijoloo
schnurren (Katze)	**мырылдоо**	mırıldoo
muhen (vi)	**маароо**	maaroo
brüllen (Stier)	**өкүрүү**	økyryy
knurren (Hund usw.)	**ырылдоо**	ırıldoo
Heulen (n)	**уулуу**	uuluu
heulen (vi)	**уулуу**	uuluu
winseln (vi)	**кыңшылоо**	kıŋʃıloo
meckern (Ziege)	**маароо**	maaroo
grunzen (vi)	**коркулдоо**	korkuldoo
kreischen (vi)	**чаңыруу**	ʧaŋıruu
quaken (vi)	**чардоо**	ʧardoo
summen (Insekt)	**зыңылдоо**	zıŋıldoo
zirpen (vi)	**чырылдоо**	ʧırıldoo

179. Vögel

Vogel (m)	**куш**	kuʃ
Taube (f)	**көгүчкөн**	køgyʧkøn
Spatz (m)	**таранчы**	taranʧı
Meise (f)	**синица**	sinitsa
Elster (f)	**сагызган**	sagızgan
Rabe (m)	**кузгун**	kuzgun
Krähe (f)	**карга**	karga
Dohle (f)	**таан**	taan

Saatkrähe (f)	**чаркарга**	ʧarkarga
Ente (f)	**өрдөк**	ørdøk
Gans (f)	**каз**	kaz
Fasan (m)	**кыргоол**	kırgool
Adler (m)	**бүркүт**	byrkyt
Habicht (m)	**ителги**	itelgi
Falke (m)	**шумкар**	ʃumkar
Greif (m)	**жору**	ʤoru
Kondor (m)	**кондор**	kondor
Schwan (m)	**аккуу**	akkuu
Kranich (m)	**турна**	turna
Storch (m)	**илегилек**	ilegilek
Papagei (m)	**тотукуш**	totukuʃ
Kolibri (m)	**колибри**	kolibri
Pfau (m)	**тоос**	toos
Strauß (m)	**төө куш**	tøø kuʃ
Reiher (m)	**көк кытан**	køk kıtan
Flamingo (m)	**фламинго**	flamingo
Pelikan (m)	**биргазан**	birgazan
Nachtigall (f)	**булбул**	bulbul
Schwalbe (f)	**чабалекей**	ʧabalekej
Drossel (f)	**таркылдак**	tarkıldak
Singdrossel (f)	**сайрагыч таркылдак**	sajragıʧ tarkıldak
Amsel (f)	**кара таңдай таркылдак**	kara taŋdaj tarkıldak
Segler (m)	**кардыгач**	kardıgaʧ
Lerche (f)	**торгой**	torgoj
Wachtel (f)	**бөдөнө**	bødønø
Specht (m)	**тоңкулдак**	toŋkuldak
Kuckuck (m)	**күкүк**	kykyk
Eule (f)	**мыкый үкү**	mıkıj yky
Uhu (m)	**үкү**	yky
Auerhahn (m)	**керең кур**	kereŋ kur
Birkhahn (m)	**кара кур**	kara kur
Rebhuhn (n)	**кекилик**	kekilik
Star (m)	**чыйырчык**	ʧıjırʧık
Kanarienvogel (m)	**канарейка**	kanarejka
Haselhuhn (n)	**токой чили**	tokoj ʧili
Buchfink (m)	**зяблик**	zʲablik
Gimpel (m)	**снегирь**	snegirʲ
Möwe (f)	**ак чардак**	ak ʧardak
Albatros (m)	**альбатрос**	alʲbatros
Pinguin (m)	**пингвин**	pingvin

180. Vögel. Gesang und Laute

singen (vt)	**сайроо**	sajroo
schreien (vi)	**кыйкыруу**	kıjkıruu
kikeriki schreien	**"күкирикү" деп кыйкыруу**	kykiriky' dep kıjkıruu
kikeriki	**күкирикү**	kykiriky
gackern (vi)	**какылдоо**	kakıldoo
krächzen (vi)	**каркылдоо**	karkıldoo
schnattern (Ente)	**бакылдоо**	bakıldoo
piepsen (vi)	**чыйылдоо**	ʧıjıldoo
zwitschern (vi)	**чырылдоо**	ʧırıldoo

181. Fische. Meerestiere

Brachse (f)	**лещ**	leʃʧ
Karpfen (m)	**карп**	karp
Barsch (m)	**окунь**	okunʲ
Wels (m)	**жаян**	ʤajan
Hecht (m)	**чортон**	ʧorton
Lachs (m)	**лосось**	lososʲ
Stör (m)	**осётр**	osʲotr
Hering (m)	**сельдь**	selʲdʲ
atlantische Lachs (m)	**сёмга**	sʲomga
Makrele (f)	**скумбрия**	skumbrija
Scholle (f)	**камбала**	kambala
Zander (m)	**судак**	sudak
Dorsch (m)	**треска**	treska
Tunfisch (m)	**тунец**	tunets
Forelle (f)	**форель**	forelʲ
Aal (m)	**угорь**	ugorʲ
Zitterrochen (m)	**скат**	skat
Muräne (f)	**мурена**	murena
Piranha (m)	**пиранья**	piranja
Hai (m)	**акула**	akula
Delfin (m)	**дельфин**	delʲfin
Wal (m)	**кит**	kit
Krabbe (f)	**краб**	krab
Meduse (f)	**медуза**	meduza
Krake (m)	**сегиз бут**	segiz but
Seestern (m)	**деңиз жылдызы**	deŋiz ʤıldızı
Seeigel (m)	**деңиз кирписи**	deŋiz kirpisi
Seepferdchen (n)	**деңиз тайы**	deŋiz tajı
Auster (f)	**устрица**	ustritsa
Garnele (f)	**креветка**	krevetka

Hummer (m)	**омар**	omar
Languste (f)	**лангуст**	langust

182. Amphibien Reptilien

Schlange (f)	**жылан**	ʤılan
Gift-, giftig	**уулуу**	uuluu
Viper (f)	**кара чаар жылан**	kara ʧaar ʤılan
Kobra (f)	**кобра**	kobra
Python (m)	**питон**	piton
Boa (f)	**удав**	udav
Ringelnatter (f)	**сары жылан**	sarı ʤılan
Klapperschlange (f)	**шакылдак жылан**	ʃakıldak ʤılan
Anakonda (f)	**анаконда**	anakonda
Eidechse (f)	**кескелдирик**	keskeldirik
Leguan (m)	**игуана**	iguana
Waran (m)	**эчкемер**	eʧkemer
Salamander (m)	**саламандра**	salamandra
Chamäleon (n)	**хамелеон**	χameleon
Skorpion (m)	**чаян**	ʧajan
Schildkröte (f)	**ташбака**	taʃbaka
Frosch (m)	**бака**	baka
Kröte (f)	**курбака**	kurbaka
Krokodil (n)	**крокодил**	krokodil

183. Insekten

Insekt (n)	**курт-кумурска**	kurt-kumurska
Schmetterling (m)	**көпөлөк**	køpøløk
Ameise (f)	**кумурска**	kumurska
Fliege (f)	**чымын**	ʧımın
Mücke (f)	**чиркей**	ʧirkej
Käfer (m)	**коңуз**	koŋuz
Wespe (f)	**аары**	aarı
Biene (f)	**бал аары**	bal aarı
Hummel (f)	**жапан аары**	ʤapan aarı
Bremse (f)	**көгөөн**	køgøøn
Spinne (f)	**жөргөмүш**	ʤørgømyʃ
Spinnennetz (n)	**желе**	ʤele
Libelle (f)	**ийнелик**	ijnelik
Grashüpfer (m)	**чегиртке**	ʧegirtke
Schmetterling (m)	**көпөлөк**	køpøløk
Schabe (f)	**таракан**	tarakan
Zecke (f)	**кене**	kene

Floh (m)	**бүргө**	byrgø
Kriebelmücke (f)	**майда чымын**	majda ʧımın
Heuschrecke (f)	**чегиртке**	ʧegirtke
Schnecke (f)	**үлүл**	ylyl
Heimchen (n)	**кара чегиртке**	kara ʧegirtke
Leuchtkäfer (m)	**жалтырак коңуз**	ʤaltırak koŋuz
Marienkäfer (m)	**айланкөчөк**	ajlankøʧøk
Maikäfer (m)	**саратан коңуз**	saratan koŋuz
Blutegel (m)	**сүлүк**	sylyk
Raupe (f)	**каз таман**	kaz taman
Wurm (m)	**жер курту**	ʤer kurtu
Larve (f)	**курт**	kurt

184. Tiere. Körperteile

Schnabel (m)	**тумшук**	tumʃuk
Flügel (pl)	**канаттар**	kanattar
Fuß (m)	**чеңгел**	ʧeŋgel
Gefieder (n)	**куштун жүнү**	kuʃtun ʤyny
Feder (f)	**канат**	kanat
Haube (f)	**көкүлчө**	køkylʧø
Kiemen (pl)	**бакалоор**	bakaloor
Laich (m)	**балык уругу**	balık urugu
Larve (f)	**курт**	kurt
Flosse (f)	**сүзгүч**	syzgyʧ
Schuppe (f)	**кабырчык**	kabırʧık
Stoßzahn (m)	**азуу тиш**	azuu tiʃ
Pfote (f)	**таман**	taman
Schnauze (f)	**тумшук**	tumʃuk
Rachen (m)	**ооз**	ooz
Schwanz (m)	**куйрук**	kujruk
Barthaar (n)	**мурут**	murut
Huf (m)	**туяк**	tujak
Horn (n)	**мүйүз**	myjyz
Panzer (m)	**калканч**	kalkanʧ
Muschel (f)	**үлүл кабыгы**	ylyl kabıgı
Schale (f)	**кабык**	kabık
Fell (n)	**жүн**	ʤyn
Haut (f)	**тери**	teri

185. Tiere. Lebensräume

Lebensraum (f)	**жашоо чөйрөсү**	ʤaʃoo ʧøjrøsy
Wanderung (f)	**миграция**	migraʦija
Berg (m)	**тоо**	too

Riff (n)	**риф**	rif
Fels (m)	**зоока**	zooka
Wald (m)	**токой**	tokoj
Dschungel (m, n)	**джунгли**	ʤungli
Savanne (f)	**саванна**	savanna
Tundra (f)	**тундра**	tundra
Steppe (f)	**талаа**	talaa
Wüste (f)	**чөл**	ʧøl
Oase (f)	**оазис**	oazis
Meer (n), See (f)	**деңиз**	deŋiz
See (m)	**көл**	køl
Ozean (m)	**мухит**	muχit
Sumpf (m)	**саз**	saz
Süßwasser-	**тузсуз суулу көл**	tuzsuz suulu køl
Teich (m)	**жасалма көлмө**	ʤasalma kølmø
Fluss (m)	**дарыя**	darıja
Höhle (f), Bau (m)	**ийин**	ijin
Nest (n)	**уя**	uja
Höhlung (f)	**көңдөй**	køŋdøj
Loch (z.B. Wurmloch)	**ийин**	ijin
Ameisenhaufen (m)	**кумурска уюгу**	kumurska ujʉgu

Flora

186. Bäume

Baum (m)	**дарак**	darak
Laub-	**жалбырактуу**	ʤalbıraktuu
Nadel-	**ийне жалбырактуулар**	ijne ʤalbıraktuular
immergrün	**дайым жашыл**	dajım ʤaʃıl
Apfelbaum (m)	**алма бак**	alma bak
Birnbaum (m)	**алмурут бак**	almurut bak
Süßkirschbaum (m)	**гилас**	gilas
Sauerkirschbaum (m)	**алча**	alʧa
Pflaumenbaum (m)	**кара өрүк**	kara øryk
Birke (f)	**ак кайың**	ak kajıŋ
Eiche (f)	**эмен**	emen
Linde (f)	**жөкө дарак**	ʤøkø darak
Espe (f)	**бай терек**	baj terek
Ahorn (m)	**клён**	klʲon
Fichte (f)	**кара карагай**	kara karagaj
Kiefer (f)	**карагай**	karagaj
Lärche (f)	**лиственница**	listvennitsa
Tanne (f)	**пихта**	piχta
Zeder (f)	**кедр**	kedr
Pappel (f)	**терек**	terek
Vogelbeerbaum (m)	**четин**	ʧetin
Weide (f)	**мажүрүм тал**	maʤyrym tal
Erle (f)	**ольха**	olʲχa
Buche (f)	**бук**	buk
Ulme (f)	**кара жыгач**	kara ʤıgaʧ
Esche (f)	**ясень**	jasenʲ
Kastanie (f)	**каштан**	kaʃtan
Magnolie (f)	**магнолия**	magnolija
Palme (f)	**пальма**	palʲma
Zypresse (f)	**кипарис**	kiparis
Mangrovenbaum (m)	**мангро дарагы**	mangro daragı
Baobab (m)	**баобаб**	baobab
Eukalyptus (m)	**эвкалипт**	evkalipt
Mammutbaum (m)	**секвойя**	sekvoja

187. Büsche

Strauch (m)	**бадал**	badal
Gebüsch (n)	**бадал**	badal

Weinstock (m)	**жүзүм**	ʤyzym
Weinberg (m)	**жүзүмдүк**	ʤyzymdyk
Himbeerstrauch (m)	**дан куурай**	dan kuuraj
schwarze Johannisbeere (f)	**кара карагат**	kara karagat
rote Johannisbeere (f)	**кызыл карагат**	kızıl karagat
Stachelbeerstrauch (m)	**крыжовник**	krıʤovnik
Akazie (f)	**акация**	akaʦija
Berberitze (f)	**бөрү карагат**	børy karagat
Jasmin (m)	**жасмин**	ʤasmin
Wacholder (m)	**кара арча**	kara arʧa
Rosenstrauch (m)	**роза бадалы**	roza badalı
Heckenrose (f)	**ит мурун**	it murun

188. Pilze

Pilz (m)	**козу карын**	kozu karın
essbarer Pilz (m)	**желе турган козу карын**	ʤele turgan kozu karın
Giftpilz (m)	**уулуу козу карын**	uuluu kozu karın
Hut (m)	**козу карындын телпеги**	kozu karındın telpegi
Stiel (m)	**аякчасы**	ajakʧası
Steinpilz (m)	**ак козу карын**	ak kozu karın
Rotkappe (f)	**подосиновик**	podosinovik
Birkenpilz (m)	**подберёзовик**	podberˈozovik
Pfifferling (m)	**лисичка**	lisiʧka
Täubling (m)	**сыроежка**	sıroeʤka
Morchel (f)	**сморчок**	smorʧok
Fliegenpilz (m)	**мухомор**	muχomor
Grüner Knollenblätterpilz	**поганка**	poganka

189. Obst. Beeren

Frucht (f)	**мөмө-жемиш**	mømø-ʤemiʃ
Früchte (pl)	**мөмө-жемиш**	mømø-ʤemiʃ
Apfel (m)	**алма**	alma
Birne (f)	**алмурут**	almurut
Pflaume (f)	**кара өрүк**	kara øryk
Erdbeere (f)	**кулпунай**	kulpunaj
Sauerkirsche (f)	**алча**	alʧa
Süßkirsche (f)	**гилас**	gilas
Weintrauben (pl)	**жүзүм**	ʤyzym
Himbeere (f)	**дан куурай**	dan kuuraj
schwarze Johannisbeere (f)	**кара карагат**	kara karagat
rote Johannisbeere (f)	**кызыл карагат**	kızıl karagat
Stachelbeere (f)	**крыжовник**	krıʤovnik

Moosbeere (f)	**клюква**	klʉkva
Apfelsine (f)	**апельсин**	apelʲsin
Mandarine (f)	**мандарин**	mandarin
Ananas (f)	**ананас**	ananas
Banane (f)	**банан**	banan
Dattel (f)	**курма**	kurma
Zitrone (f)	**лимон**	limon
Aprikose (f)	**өрүк**	øryk
Pfirsich (m)	**шабдаалы**	ʃabdaalı
Kiwi (f)	**киви**	kivi
Grapefruit (f)	**грейпфрут**	grejpfrut
Beere (f)	**жер жемиш**	ʤer ʤemiʃ
Beeren (pl)	**жер жемиштер**	ʤer ʤemiʃter
Preiselbeere (f)	**брусника**	brusnika
Walderdbeere (f)	**кызылгат**	kızılgat
Heidelbeere (f)	**кара моюл**	kara mojʉl

190. Blumen. Pflanzen

Blume (f)	**гүл**	gyl
Blumenstrauß (m)	**десте**	deste
Rose (f)	**роза**	roza
Tulpe (f)	**жоогазын**	ʤoogazın
Nelke (f)	**гвоздика**	gvozdika
Gladiole (f)	**гладиолус**	gladiolus
Kornblume (f)	**ботокөз**	botokøz
Glockenblume (f)	**коңгуроо гүл**	koŋguroo gyl
Löwenzahn (m)	**каакым-кукум**	kaakım-kukum
Kamille (f)	**ромашка**	romaʃka
Aloe (f)	**алоэ**	aloe
Kaktus (m)	**кактус**	kaktus
Gummibaum (m)	**фикус**	fikus
Lilie (f)	**лилия**	lilija
Geranie (f)	**герань**	geranʲ
Hyazinthe (f)	**гиацинт**	giaʦint
Mimose (f)	**мимоза**	mimoza
Narzisse (f)	**нарцисс**	narʦiss
Kapuzinerkresse (f)	**настурция**	nasturʦija
Orchidee (f)	**орхидея**	orχideja
Pfingstrose (f)	**пион**	pion
Veilchen (n)	**бинапша**	binapʃa
Stiefmütterchen (n)	**алагүл**	alagyl
Vergissmeinnicht (n)	**незабудка**	nezabudka
Gänseblümchen (n)	**маргаритка**	margaritka
Mohn (m)	**кызгалдак**	kızgaldak

Hanf (m)	**наша**	naʃa
Minze (f)	**жалбыз**	ʤalbız
Maiglöckchen (n)	**ландыш**	landıʃ
Schneeglöckchen (n)	**байчечекей**	bajʧeʧekej
Brennnessel (f)	**чалкан**	ʧalkan
Sauerampfer (m)	**ат кулак**	at kulak
Seerose (f)	**чөмүч баш**	ʧømyʧ baʃ
Farn (m)	**папоротник**	paporotnik
Flechte (f)	**лишайник**	liʃajnik
Gewächshaus (n)	**күнөскана**	kynøskana
Rasen (m)	**газон**	gazon
Blumenbeet (n)	**клумба**	klumba
Pflanze (f)	**өсүмдүк**	øsymdyk
Gras (n)	**чөп**	ʧøp
Grashalm (m)	**бир тал чөп**	bir tal ʧøp
Blatt (n)	**жалбырак**	ʤalbırak
Blütenblatt (n)	**гүлдүн желекчеси**	gyldyn ʤelekʧesi
Stiel (m)	**сабак**	sabak
Knolle (f)	**жемиш тамыр**	ʤemiʃ tamır
Jungpflanze (f)	**өсмө**	øsmø
Dorn (m)	**тикен**	tiken
blühen (vi)	**гүлдөө**	gyldøø
welken (vi)	**соолуу**	sooluu
Geruch (m)	**жыт**	ʤıt
abschneiden (vt)	**кесүү**	kesyy
pflücken (vt)	**үзүү**	yzyy

191. Getreide, Körner

Getreide (n)	**дан**	dan
Getreidepflanzen (pl)	**дан эгиндери**	dan eginderi
Ähre (f)	**машак**	maʃak
Weizen (m)	**буудай**	buudaj
Roggen (m)	**кара буудай**	kara buudaj
Hafer (m)	**сулу**	sulu
Hirse (f)	**таруу**	taruu
Gerste (f)	**арпа**	arpa
Mais (m)	**жүгөрү**	ʤygøry
Reis (m)	**күрүч**	kyryʧ
Buchweizen (m)	**гречиха**	greʧiχa
Erbse (f)	**нокот**	nokot
weiße Bohne (f)	**төө буурчак**	tøø buurʧak
Sojabohne (f)	**соя**	soja
Linse (f)	**жасмык**	ʤasmık
Bohnen (pl)	**буурчак**	buurʧak

REGIONALE GEOGRAPHIE

Länder. Nationalitäten

192. Politik. Regierung. Teil 1

Politik (f)	**саясат**	sajasat
politisch	**саясий**	sajasij
Politiker (m)	**саясатчы**	sajasatʧı
Staat (m)	**мамлекет**	mamleket
Bürger (m)	**жаран**	ʤaran
Staatsbürgerschaft (f)	**жарандык**	ʤarandık
Staatswappen (n)	**улуттук герб**	uluttuk gerb
Nationalhymne (f)	**мамлекеттик гимн**	mamlekettik gimn
Regierung (f)	**өкмөт**	økmøt
Staatschef (m)	**мамлекет башчысы**	mamleket baʃʧısı
Parlament (n)	**парламент**	parlament
Partei (f)	**партия**	partija
Kapitalismus (m)	**капитализм**	kapitalizm
kapitalistisch	**капиталистик**	kapitalistik
Sozialismus (m)	**социализм**	sotsializm
sozialistisch	**социалистик**	sotsialistik
Kommunismus (m)	**коммунизм**	kommunizm
kommunistisch	**коммунистик**	kommunistik
Kommunist (m)	**коммунист**	kommunist
Demokratie (f)	**демократия**	demokratija
Demokrat (m)	**демократ**	demokrat
demokratisch	**демократиялык**	demokratijalık
demokratische Partei (f)	**демократиялык партия**	demokratijalık partija
Liberale (m)	**либерал**	liberal
liberal	**либералдык**	liberaldık
Konservative (m)	**консерватор**	konservator
konservativ	**консервативдик**	konservativdik
Republik (f)	**республика**	respublika
Republikaner (m)	**республикачы**	respublikaʧı
Republikanische Partei (f)	**республикалык**	respublikalık
Wahlen (pl)	**шайлоо**	ʃajloo
wählen (vt)	**шайлоо**	ʃajloo

Wähler (m)	**шайлоочу**	ʃajlootʃu
Wahlkampagne (f)	**шайлоо кампаниясы**	ʃajloo kampanijası
Abstimmung (f)	**добуш**	dobuʃ
abstimmen (vi)	**добуш берүү**	dobuʃ beryy
Abstimmungsrecht (n)	**добуш берүү укугу**	dobuʃ beryy ukugu
Kandidat (m)	**талапкер**	talapker
kandidieren (vi)	**талапкерлигин көрсөтүү**	talapkerligin kørsøtyy
Kampagne (f)	**кампания**	kampanija
Oppositions-	**оппозициялык**	oppozitsijalık
Opposition (f)	**оппозиция**	oppozitsija
Besuch (m)	**визит**	vizit
Staatsbesuch (m)	**расмий визит**	rasmij vizit
international	**эл аралык**	el aralık
Verhandlungen (pl)	**сүйлөшүүлөр**	syjløʃyylør
verhandeln (vi)	**сүйлөшүүлөр жүргүзүү**	syjløʃyylør ʤyrgyzyy

193. Politik. Regierung. Teil 2

Gesellschaft (f)	**коом**	koom
Verfassung (f)	**конституция**	konstitutsija
Macht (f)	**бийлик**	bijlik
Korruption (f)	**коррупция**	korruptsija
Gesetz (n)	**мыйзам**	mıjzam
gesetzlich (Adj)	**мыйзамдуу**	mıjzamduu
Gerechtigkeit (f)	**адилеттик**	adilettik
gerecht	**адилеттүү**	adilettyy
Komitee (n)	**комитет**	komitet
Gesetzentwurf (m)	**мыйзам долбоору**	mıjzam dolbooru
Budget (n)	**бюджет**	buʤet
Politik (f)	**саясат**	sajasat
Reform (f)	**реформа**	reforma
radikal	**радикалдуу**	radikalduu
Macht (f)	**күч**	kytʃ
mächtig (Adj)	**кудуреттүү**	kudurettyy
Anhänger (m)	**жактоочу**	ʤaktootʃu
Einfluss (m)	**таасир**	taasir
Regime (n)	**түзүм**	tyzym
Konflikt (m)	**чыр-чатак**	tʃır-tʃatak
Verschwörung (f)	**заговор**	zagovor
Provokation (f)	**айгак аракети**	ajgak araketi
stürzen (vt)	**кулатуу**	kulatuu
Sturz (m)	**кулатуу**	kulatuu
Revolution (f)	**ыңкылап**	ıŋkılap

Staatsstreich (m)	**төңкөрүш**	tøŋkøryʃ
Militärputsch (m)	**аскердик төңкөрүш**	askerdik tøŋkøryʃ
Krise (f)	**каатчылык**	kaatʧılık
Rezession (f)	**экономикалык төмөндөө**	ekonomikalık tømøndøø
Demonstrant (m)	**демонстрант**	demonstrant
Demonstration (f)	**демонстрация**	demonstratsija
Ausnahmezustand (m)	**согуш абалында**	soguʃ abalında
Militärbasis (f)	**аскер базасы**	asker bazası
Stabilität (f)	**туруктуулук**	turuktuuluk
stabil	**туруктуу**	turuktuu
Ausbeutung (f)	**эзүү**	ezyy
ausbeuten (vt)	**эзүү**	ezyy
Rassismus (m)	**расизм**	rasizm
Rassist (m)	**расист**	rasist
Faschismus (m)	**фашизм**	faʃizm
Faschist (m)	**фашист**	faʃist

194. Länder. Verschiedenes

Ausländer (m)	**чет өлкөлүк**	ʧet ølkølyk
ausländisch	**чет өлкөлүк**	ʧet ølkølyk
im Ausland	**чет өлкөдө**	ʧet ølkødø
Auswanderer (m)	**эмигрант**	emigrant
Auswanderung (f)	**эмиграция**	emigratsija
auswandern (vi)	**башка өлкөгө көчүү**	baʃka ølkøgø køʧyy
Westen (m)	**Батыш**	batıʃ
Osten (m)	**Чыгыш**	ʧıgıʃ
Ferner Osten (m)	**Алыскы Чыгыш**	alıskı ʧıgıʃ
Zivilisation (f)	**цивилизация**	tsıvilizatsija
Menschheit (f)	**адамзат**	adamzat
Welt (f)	**аалам**	aalam
Frieden (m)	**тынчтык**	tınʧtık
Welt-	**дүйнөлүк**	dyjnølyk
Heimat (f)	**мекен**	meken
Volk (n)	**эл**	el
Bevölkerung (f)	**калк**	kalk
Leute (pl)	**адамдар**	adamdar
Nation (f)	**улут**	ulut
Generation (f)	**муун**	muun
Territorium (n)	**аймак**	ajmak
Region (f)	**регион**	region
Staat (z.B. ~ Alaska)	**штат**	ʃtat
Tradition (f)	**салт**	salt
Brauch (m)	**үрп-адат**	yrp-adat

Ökologie (f)	**экология**	ekologija
Indianer (m)	**индеец**	indeets
Zigeuner (m)	**цыган**	tsıgan
Zigeunerin (f)	**цыган аял**	tsıgan ajal
Zigeuner-	**цыгандык**	tsıgandık
Reich (n)	**империя**	imperija
Kolonie (f)	**колония**	kolonija
Sklaverei (f)	**кулчулук**	kulʧuluk
Einfall (m)	**басып келүү**	basıp kelyy
Hunger (m)	**ачарчылык**	aʧarʧılık

195. Wichtige Religionsgruppen. Konfessionen

Religion (f)	**дин**	din
religiös	**диний**	dinij
Glaube (m)	**диний ишеним**	dinij iʃenim
glauben (vt)	**ишенүү**	iʃenyy
Gläubige (m)	**динчил**	dinʧil
Atheismus (m)	**атеизм**	ateizm
Atheist (m)	**атеист**	ateist
Christentum (n)	**Христианчылык**	χristianʧılık
Christ (m)	**христиан**	χristian
christlich	**христиандык**	χristiandık
Katholizismus (m)	**Католицизм**	katolitsizm
Katholik (m)	**католик**	katolik
katholisch	**католиктер**	katolikter
Protestantismus (m)	**Протестантизм**	protestantizm
Protestantische Kirche (f)	**Протестанттык чиркөө**	protestanttık ʧirkøø
Protestant (m)	**протестанттар**	protestanttar
Orthodoxes Christentum (n)	**Православие**	pravoslavie
Orthodoxe Kirche (f)	**Православдык чиркөө**	pravoslavdık ʧirkøø
orthodoxer Christ (m)	**православдык**	pravoslavdık
Presbyterianismus (m)	**Пресвитерианчылык**	presviterianʧılık
Presbyterianische Kirche (f)	**Пресвитериандык чиркөө**	presviteriandık ʧirkøø
Presbyterianer (m)	**пресвитериандык**	presviteriandık
Lutherische Kirche (f)	**Лютерандык чиркөө**	lʉterandık ʧirkøø
Lutheraner (m)	**лютерандык**	lʉterandık
Baptismus (m)	**Баптизм**	baptizm
Baptist (m)	**баптист**	baptist
Anglikanische Kirche (f)	**Англикан чиркөөсү**	anglikan ʧirkøøsy
Anglikaner (m)	**англикан**	anglikan
Mormonismus (m)	**Мормондук**	mormonduk
Mormone (m)	**мормон**	mormon

Judentum (n)	**Иудаизм**	iudaizm
Jude (m)	**иудей**	iudej
Buddhismus (m)	**Буддизм**	buddizm
Buddhist (m)	**буддист**	buddist
Hinduismus (m)	**Индуизм**	induizm
Hindu (m)	**индуист**	induist
Islam (m)	**Ислам**	islam
Moslem (m)	**мусулман**	musulman
moslemisch	**мусулмандык**	musulmandık
Schiismus (m)	**Шиизм**	ʃiizm
Schiit (m)	**шиит**	ʃiit
Sunnismus (m)	**Суннизм**	sunnizm
Sunnit (m)	**суннит**	sunnit

196. Religionen. Priester

Priester (m)	**поп**	pop
Papst (m)	**Рим Папасы**	rim papası
Mönch (m)	**кечил**	keʧil
Nonne (f)	**кечил аял**	keʧil ajal
Pfarrer (m)	**пастор**	pastor
Abt (m)	**аббат**	abbat
Vikar (m)	**викарий**	vikarij
Bischof (m)	**епископ**	episkop
Kardinal (m)	**кардинал**	kardinal
Prediger (m)	**диний үгүттөөчү**	dinij ygyttøøʧy
Predigt (f)	**үгүт**	ygyt
Gemeinde (f)	**чиркөө коомунун мүчөлөрү**	ʧirkøø koomunun myʧøløry
Gläubige (m)	**динчил**	dinʧil
Atheist (m)	**атеист**	ateist

197. Glauben. Christentum. Islam

Adam	**Адам ата**	adam ata
Eva	**Обо эне**	obo ene
Gott (m)	**Кудай**	kudaj
Herr (m)	**Алла талаа**	alla talaa
Der Allmächtige	**Кудуреттүү**	kudurettyy
Sünde (f)	**күнөө**	kynøø
sündigen (vi)	**күнөө кылуу**	kynøø kıluu

Sünder (m)	**күнөөкөр**	kynøøkør
Sünderin (f)	**күнөөкөр аял**	kynøøkør ajal
Hölle (f)	**тозок**	tozok
Paradies (n)	**бейиш**	bejiʃ
Jesus	**Иса**	isa
Jesus Christus	**Иса Пайгамбар**	isa pajgambar
der Heiliger Geist	**Ыйык Рух**	ıjık ruχ
der Erlöser	**Куткаруучу**	kutkaruuʧu
die Jungfrau Maria	**Бүбү Мариям**	byby marijam
Teufel (m)	**Шайтан**	ʃajtan
teuflisch	**шайтан**	ʃajtan
Satan (m)	**Шайтан**	ʃajtan
satanisch	**шайтандык**	ʃajtandık
Engel (m)	**периште**	periʃte
Schutzengel (m)	**сактагыч периште**	saktagıʧ periʃte
Engel(s)-	**периште**	periʃte
Apostel (m)	**апостол**	apostol
Erzengel (m)	**архангель**	arχangelʲ
Antichrist (m)	**антихрист**	antiχrist
Kirche (f)	**Чиркөө**	ʧirkøø
Bibel (f)	**библия**	biblija
biblisch	**библиялык**	biblijalık
Altes Testament (n)	**Эзелки осуят**	ezelki osujat
Neues Testament (n)	**Жаңы осуят**	ʤaŋı osujat
Evangelium (n)	**Евангелие**	evangelie
Heilige Schrift (f)	**Ыйык**	ıjık
Himmelreich (n)	**Жаннат**	ʤannat
Gebot (n)	**парз**	parz
Prophet (m)	**пайгамбар**	pajgambar
Prophezeiung (f)	**пайгамбар сөзү**	pajgambar søzy
Allah	**Аллах**	allaχ
Mohammed	**Мухаммед**	muχammed
Koran (m)	**Куран**	kuran
Moschee (f)	**мечит**	meʧit
Mullah (m)	**мулла**	mulla
Gebet (n)	**дуба**	duba
beten (vi)	**дуба кылуу**	duba kıluu
Wallfahrt (f)	**зыярат**	zıjarat
Pilger (m)	**зыяратчы**	zıjaratʧı
Mekka (n)	**Мекке**	mekke
Kirche (f)	**чиркөө**	ʧirkøø
Tempel (m)	**ибадаткана**	ibadatkana
Kathedrale (f)	**чоң чиркөө**	ʧoŋ ʧirkøø

gotisch	**готикалуу**	gotikaluu
Synagoge (f)	**синагога**	sinagoga
Moschee (f)	**мечит**	metʃit
Kapelle (f)	**кичинекей чиркөө**	kitʃinekej tʃirkøø
Abtei (f)	**аббаттык**	abbattık
Kloster (n), Konvent (m)	**монастырь**	monastırʲ
Glocke (f)	**коңгуроо**	koŋguroo
Glockenturm (m)	**коңгуроо мунарасы**	koŋguroo munarası
läuten (Glocken)	**коңгуроо кагуу**	koŋguroo kaguu
Kreuz (n)	**крест**	krest
Kuppel (f)	**купол**	kupol
Ikone (f)	**икона**	ikona
Seele (f)	**жан**	dʒan
Schicksal (n)	**тагдыр**	tagdır
das Böse	**жамандык**	dʒamandık
Gute (n)	**жакшылык**	dʒakʃılık
Vampir (m)	**кан соргуч**	kan sorgutʃ
Hexe (f)	**жез тумшук**	dʒez tumʃuk
Dämon (m)	**шайтан**	ʃajtan
Geist (m)	**арбак**	arbak
Sühne (f)	**күнөөнү жуу**	kynøøny dʒuu
sühnen (vt)	**күнөөнү жуу**	kynøøny dʒuu
Gottesdienst (m)	**ибадат**	ibadat
die Messe lesen	**ибадат кылуу**	ibadat kıluu
Beichte (f)	**сыр төгүү**	sır tøgyy
beichten (vi)	**сыр төгүү**	sır tøgyy
Heilige (m)	**ыйык**	ıjık
heilig	**ыйык**	ıjık
Weihwasser (n)	**ыйык суу**	ıjık suu
Ritual (n)	**диний ырым-жырым**	dinij ırım-dʒırım
rituell	**диний ырым-жырым**	dinij ırım-dʒırım
Opfer (n)	**курмандык**	kurmandık
Aberglaube (m)	**ырым-жырым**	ırım-dʒırım
abergläubisch	**ырымчыл**	ırımtʃıl
Nachleben (n)	**тиги дүйнө**	tigi dyjnø
ewiges Leben (n)	**түбөлүк жашоо**	tybølyk dʒaʃoo

VERSCHIEDENES

198. Verschiedene nützliche Wörter

Anfang (m)	башталыш	baʃtalıʃ
Anstrengung (f)	күч аракет	kytʃ araket
Anteil (m)	бөлүгү	bølygy
Art (Typ, Sorte)	түр	tyr
Auswahl (f)	тандоо	tandoo
Barriere (f)	тоскоолдук	toskoolduk
Basis (f)	түп	typ
Beispiel (n)	мисал	misal
bequem (gemütlich)	ынгайлуу	ıngajluu
Bilanz (f)	теңдем	teŋdem
Ding (n)	буюм	bujum
dringend (Adj)	шашылыш	ʃaʃılıʃ
dringend (Adv)	шашылыш	ʃaʃılıʃ
Effekt (m)	таасир	taasir
Eigenschaft (Werkstoff~)	касиет	kasiet
Element (n)	элемент	element
Ende (n)	бүтүү	bytyy
Entwicklung (f)	өнүгүү	ønygyy
Fachwort (n)	атоо	atoo
Fehler (m)	ката	kata
Form (z.B. Kugel-)	тариз	tariz
Fortschritt (m)	өнүгүү	ønygyy
Gegenstand (m)	объект	obʰjekt
Geheimnis (n)	сыр	sır
Grad (Ausmaß)	даража	daradʒa
Halt (m), Pause (f)	токтотуу	toktotuu
häufig (Adj)	бат-бат	bat-bat
Hilfe (f)	жардам	dʒardam
Hindernis (n)	тоскоолдук	toskoolduk
Hintergrund (m)	фон	fon
Ideal (n)	идеал	ideal
Kategorie (f)	категория	kategorija
Kompensation (f)	ордун толтуруу	ordun tolturuu
Labyrinth (n)	лабиринт	labirint
Lösung (Problem usw.)	чечүү	tʃetʃyy
Moment (m)	учур	utʃur
Nutzen (m)	пайда	pajda
Original (Schriftstück)	түпнуска	typnuska
Pause (kleine ~)	тыныгуу	tınıguu

Position (f)	**позиция**	pozitsija
Prinzip (n)	**усул**	usul
Problem (n)	**көйгөй**	køjgøj
Prozess (m)	**жараян**	ʤarajan
Reaktion (f)	**реакция**	reaktsija
Reihe (Sie sind an der ~)	**кезек**	kezek
Risiko (n)	**тобокел**	tobokel
Serie (f)	**катар**	katar
Situation (f)	**кырдаал**	kırdaal
Standard-	**стандарттуу**	standarttuu
Standard (m)	**стандарт**	standart
Stil (m)	**стиль**	stilʲ
System (n)	**тутум**	tutum
Tabelle (f)	**жадыбал**	ʤadıbal
Tatsache (f)	**далил**	dalil
Teilchen (n)	**бөлүкчө**	bølyktʃø
Tempo (n)	**темп**	temp
Typ (m)	**түр**	tyr
Unterschied (m)	**айырма**	ajırma
Ursache (z.B. Todes-)	**себеп**	sebep
Variante (f)	**вариант**	variant
Vergleich (m)	**салыштырма**	salıʃtırma
Wachstum (n)	**өсүү**	øsyy
Wahrheit (f)	**чындык**	tʃındık
Weise (Weg, Methode)	**ыкма**	ıkma
Zone (f)	**алкак**	alkak
Zufall (m)	**дал келгендик**	dal kelgendik

www.ingramcontent.com/pod-product-compliance
Lightning Source LLC
LaVergne TN
LVHW051345080426
835509LV00020BA/3290
9781787670402